삶의 격랑을 넘어

정지선 지음

물러설 곳 없는 자리마다 길 내어주신 **은혜**!
고난 속에도 감사하며 찬양하게 하신 **은혜**!
걸음마다 지켜주신 주님의 사랑, 넘치는 **축복**이어라!

북신책

목차

#추 천 사　고난이 주는 뜻밖의 선물 / 정현섭 · 4
　　　　　　믿음과 사랑으로 웃으며 걸어온 길 / 한기석 · · · · · · · · · · · · · · 6
　　　　　　천부적인 유머감각은 타고난 큰 재산 / 임승쾌 · · · · · · · · · · · 8
　　　　　　참회 기도와 같은 회고록 / 김희봉 · 10

#머 리 말 · 12

제1부 / 부산 피난시절

열한 자녀의 막내 · · · · · · · · · · · · · · · 16　　부산에서의 피난생활 · · · · · · · · · · · 26
사랑을 듬뿍 받으며 · · · · · · · · · · · · · 19　　전쟁이 남긴 한(恨) · · · · · · · · · · · · · 29
내가 겪은 6.25 · · · · · · · · · · · · · · · · · 21　　부모님의 초상 · · · · · · · · · · · · · · · · · 32
1.4 후퇴와 피난 · · · · · · · · · · · · · · · · · 24

제2부 / 꿈을 키우던 학창시절

처음 맛본 실패 · · · · · · · · · · · · · · · · · 38　　젊음, 자유 그리고 낭만 · · · · · · · · · 52
주님을 처음 만난 날 · · · · · · · · · · · · 41　　반세기 넘어 지킨 성가대 · · · · · · · · 55
롤러코스터 타던 시절 · · · · · · · · · · · 43　　체벌로 새겨진 군 복무 · · · · · · · · · · 57
조카 광자 · 47　　졸업, 끝이 아닌 출발 · · · · · · · · · · · · 60
아련한 첫사랑의 추억 · · · · · · · · · · · 50

제3부 / 청춘의 황금기를 지나며

사회로 내딛은 첫걸음 · · · · · · · · · · · 64　　현실과 사랑 사이 · · · · · · · · · · · · · · · 79
가는 인연, 오는 인연 · · · · · · · · · · · · 69　　재벌 2세 같던 삶 · · · · · · · · · · · · · · · 83
스웨터로 맺은 운명의 실타래 · · · · · · 72　　별이 된 첫 아이 · · · · · · · · · · · · · · · · 87
호기롭게 파도 타던 날들 · · · · · · · · · · 76

제4부 / 신기루 같은 아메리칸 드림

미지의 땅, 새로운 도전 · · · · · · · · · · 92　　희망의 문을 열어준 열쇠 · · · · · · · · 103
첫 직장에서의 두려움 · · · · · · · · · · · 95　　밤에도 분주한 대걸레 · · · · · · · · · · 106
위로가 된 미국 교회 · · · · · · · · · · · · · 97　　드디어 이루어진 무역의 꿈 · · · · · · 108
낫을 휘두르며 · · · · · · · · · · · · · · · · · · 99　　죄 많은 곳에 은혜가 · · · · · · · · · · · · 113
구습을 버리고 · · · · · · · · · · · · · · · · · 101　　깊은 수렁에 빠져 · · · · · · · · · · · · · · · 117

제5부 / 샌프란시스코에서의 새 출발

- 승부수를 던지다 · · · · · · · · · · · · · 122
- 타지에서의 유혹과 선택 · · · · · · · · · 125
- 무리한 확장과 현실의 벽 · · · · · · · · · 127
- 절박함이 부른 성공 · · · · · · · · · · · · 129
- 냉대와 시련 속에서 · · · · · · · · · · · · 132
- 의리가 불러온 고난 · · · · · · · · · · · · 135
- 은행에 내린 닻 · · · · · · · · · · · · · · · 137
- 다시 마주한 풍랑 · · · · · · · · · · · · · 139
- 길을 잃고 길을 찾다 · · · · · · · · · · · 141

제6부 / 모든 것이 은혜, 은혜

- 시카고 외곽 첫 한인 교회 · · · · · · · · 144
- 교회를 사수하며 · · · · · · · · · · · · · · 147
- 성도의 책임 · · · · · · · · · · · · · · · · · 149
- 주님은 내 삶의 주인 · · · · · · · · · · · 153
- 한글학교에서 맺은 열매 · · · · · · · · · 156
- 교회 분열과 수난 · · · · · · · · · · · · · 159
- 영적 전쟁의 중심에서 · · · · · · · · · · 162
- 교회는 이민을 비추는 빛 · · · · · · · · 166

제7부 / 기적을 보여주신 하나님

- 간절한 기도로 응답 받은 기도 · · · · · 170
- 그가 만일 하나님이라면 · · · · · · · · · 172
- 필요를 채워주신 하나님 · · · · · · · · · 175
- 막다른 길에서 기다리시며 · · · · · · · 177
- 예기치 않은 사고와 그 결말 · · · · · · 179
- 전화위복의 기적 · · · · · · · · · · · · · · 181

제8부 / 이민 공동체와의 여정

- 하모니로 채운 나의 25년 찬가 · · · · · 186
- 한글로 밝힌 배움의 등불 · · · · · · · · 190
- 한반도 평화통일을 꿈꾸며 · · · · · · · 195
- 신앙과 삶의 지혜를 나눈 공동체 · · · 199
- 빛과 소금이 되기를 다짐하며 · · · · · 202
- 시간을 초월한 유대와 힘 · · · · · · · · 204
- 그린 위 24년 건강 라운드 · · · · · · · · 208
- '두리하나' 되는 사랑의 다리 · · · · · · 211
- 국민훈장 석류장 수여 · · · · · · · · · · 214

제9부 / 사랑의 끈 가족의 힘

- 내 삶에 등불 되신 어머니 · · · · · · · · 218
- Family Reunion · · · · · · · · · · · · · · 221
- 58년 인생 동반자, 나의 남편 · · · · · · 224
- 친척들의 리더 되신 참 어른 · · · · · · 227
- My father, who led us with determination. (결단력으로 이끌어주신 아버지) · · · · · 233
- My Father-in-law(Jangin) : A Life of Faith, Family, and Resilience (장인: 믿음, 가족, 그리고 끈기의 삶) · · · 243
- 존재만으로도 기쁨인 두 딸 · · · · · · · 248

#에필로그 · 252

고난이 주는 뜻밖의 선물

  사랑하는 정지선 장로님께서 당신의 인생을 믿음의 눈으로 담아내는 자서전을 준비하시는 모습을 보면서 '참 감사하다' 그리고 '참 복되시다' 하는 마음이 들었습니다.

  삶과 인생의 뒤안길을 돌아보며 바울의 고백처럼 '나의 나된 것은 하나님의 은혜입니다'라고 고백하시는 저자를 응원하고 축복합니다.

  'Life is process' 라는 말이 있습니다.

  생명이란 과정이며 멈춰 있는 것이 아니라는 의미입니다. 모든 것이 다 지나가는 과정입니다. 우리 인생을 돌아보아도 이리 봐도 잠깐, 저리 봐도 잠깐입니다. 모든 것이 지나가는 것입니다. 그래서 중요한 것은 "어떤 마음으로 지나가느냐"입니다.

  하나님께서는 우리가 범사에 감사하는 마음으로 삶의 여정을 지나가길 원하십니다. 과거에 감사하고, 앞에 놓인 하나님의 약속에 감사하며, 현재의 고난을 잘 참고 견디어 나가기를 바라십니다.

  윌리엄 보리토라는 분이 유명한 말을 남겼습니다.

  "인생에서 가장 중요한 것은 당신이 얻은 것으로부터 교훈을 얻는 것이 아니라, 잃은 것으로부터 중요한 교훈을 얻는 것입니다. 잊지 마십시오."

  사람들은 성공과 출세를 통해 교훈을 얻는다고 생각하지만, 그렇게 되면 교만해지기 쉽습니다. 오히려 잃을 때, 어려움을 겪을 때 우리는 지혜를 얻고, 능력을 얻으며, 믿음을 얻고, 사랑을 얻고, 사람을 얻습니다. 고난은 이처럼 우리에게 뜻밖의 선물을 줍니다.

저자 또한 가장 낮은 곳에서 하나님의 함께하심을 깨닫고 받은 뜻밖의 선물에 대해 간증하고 있습니다. 그러므로 이 자서전은 단순한 인생 이야기를 넘어, 저자를 복되게 하신 하나님의 놀라운 은혜와 인도하심을 기록한 믿음의 책입니다. 한 사람의 자서전이 하나님의 진리와 교훈을 전달할 수 있다면, 그야말로 최고로 귀한 간증서라고 믿습니다.

『삶의 격랑을 넘어』라는 자서전의 제목은 저자의 삶 전체를 한눈에 보여주는 깊은 의미를 담고 있습니다. 모든 독자들이 이 책을 통해 자신도 '삶의 격랑'을 넘어 역사하시는 하나님의 놀라운 은혜를 발견하고, 하나님께서 주시는 메시지와 교훈을 삶과 신앙의 길라잡이로 삼게 되실 줄로 믿습니다.

소망하기는, 이 자서전을 읽는 모든 독자들이 저자처럼 지나온 삶의 과정에 감사하고, 무엇보다 고난 속에서도 감사하며, 잃어버린 것들조차 감사로 받아들이는 유익한 시간, 은혜의 시간을 경험하기를 바랍니다. 늘 유쾌하고 기쁘게 신앙생활을 하시는 저자와 함께 한 교회에서 섬길 수 있음이 제게도 큰 기쁨입니다.

하나님께 모든 영광을 돌립니다.

정 현 섭 목사
(오클랜드연합감리교회 담임 목사)

믿음과 사랑으로 웃으며 걸어온 길

하나님의 크신 은혜와 평강이 장로님의 삶 속에 언제나 가득하시기를 기도드립니다.

이번에 장로님께서 자서전을 쓰신다는 소식을 듣고, 그동안 품어왔던 감사의 마음을 나눌 기회를 얻게 되어 기쁩니다.

70년대 미주 이민 초기, 교회 없던 시카고 근교에 한인들을 위해 교회 설립에 애쓰신, 정 많은 장로님 부부와의 만남은 저에게 큰 축복이었습니다.

장로님과 함께했던 소중한 시간들과, 정든 시카고를 떠나 새로운 터전을 찾아 샌프란시스코로 떠나시던 순간이 아직도 생생하게 기억에 남습니다.

이민자들은 새로운 기회와 가능성을 꿈꾸며 낯선 땅에 도착했지만, 막상 현실은 결코 쉽지 않았습니다. 당시 교회는 든든한 믿음의 터전이었고, 또 어떤 이들에게는 주중에 지친 몸과 마음을 위로받는 안식처였습니다. 그 시절 장로님은 따뜻한 마음과 친화력으로 교인들의 마음을 보듬어 주셨고, 침울할 수 있는 교회 분위기를 활기차게 만들어 주셨습니다. 또한 신용이 쌓이지 않아 차를 구매하기 어려운 사람들의 보증을 기꺼이 자처하시며 여러 사람에게 든든한 지원군이 되어주셨고, 늘 성가대 자리를 지키며 성가대장으로 헌신하셨습니다.

바쁜 사업 일정 속에서도 교인과 성가대원들을 섬기시며 따뜻한 식사를 대접하고 격려를 아끼지 않으시며 기쁨을 나누어 주셨습니다. 장로님의 밝고 유머 넘치는 성품 덕분에 교회는 언제나 화기애애했고, 웃음과 사랑이 넘쳤습니다.

주일마다 환한 미소로 교회를 섬기시던 장로님의 모습이 떠오를 때마다 저 역시 감사한 마음이 차오릅니다. 아내 권사님께서 당뇨로 고생하실 때도, 어려운 시기를 가족과 함께 이겨내시는 모습을 보며 큰 감명을 받았습니다. 시카고를 방문하실 때마다 바쁜 일정 속에서도 저희 부부를 잊지 않고 찾아주셔서 후하게 식사 대접해 주신 따뜻한 배려와 사랑은 저희에게 큰 기쁨과 감사로 남아 있습니다.

장로님은 신앙과 삶에서 넘어지더라도 하나님을 의지하며 다시 일어나 굳건히 걸어오셨습니다. 그 힘은, 무슨 일이 닥쳐도 하나님을 떠나지 않으셨던 어린 시절의 믿음에서 비롯된 것이라 생각합니다. 지금까지 걸어오신 장로님의 모든 시간이 하나님의 은혜였음을 감사드리며, 하나님과 동행하며 살아온 장로님의 자서전이 많은 이들에게 용기와 도전을 주고, 장로님께도 큰 위로가 되기를 기원합니다.

하나님의 크신 축복과 은혜가 장로님의 삶에 더욱 풍성하게 넘치시기를 간절히 기도합니다.

한 기 석 목사
(시카고 새벗교회 은퇴 목사)

추천사

천부적인 유머감각은 타고난 큰 재산

 선배님과 알고 지낸 지 벌써 30년이 지났습니다. 그 긴 시간 동안 우리는 많은 이야기를 나누며 함께 식사하고 운동하며, 모임도 많이 가졌습니다. 그때마다 선배님은 마치 근심과 걱정이 없는 사람처럼 보였고, 때로는 "속이 없는 분은 아닌가?" 하는 생각이 들 정도였습니다. 하지만 그때나 지금이나 늘 웃을 듯 말듯한 표정, 잔잔한 미소 속에서 내면의 평온함이 느껴지는 것은 변함이 없으십니다.

 선배님을 만나면서 선배님의 순탄치만은 않았던 과거와 이민 이야기도 꽤 상세히 알게 되었습니다. 남부럽지 않은 성공과 방탕한 생활, 사업의 실패와 갚아야 할 빚, 베이지역으로 이주해 보험 세일즈맨으로서 겪은 모욕적인 문전박대까지, 선배님은 많은 시련을 겪으셨으나 그 모든 어려움을 이겨내셨습니다.

 선배님은 이제 더러는 부질없던 시간들을 회개하고 하나님 은혜에 감사하며, 천부적인 유머 감각과 긍정적인 태도로 모든 난관을 극복한 모습을 보여주십니다.

 "유머와 꽃은 어려운 시기에 핀다."는 유대인의 격언처럼, 선배님은 어려운 상황에서도 유머로 사람들의 마음을 풀어주시는 놀라운 능력을 가지셨습니다. 『삶의 격랑을 넘어』는 단순한 이민자의 삶을 넘어, 자신의 부끄러운 과거와 넘어갈 수도 있었던 일들을 회개와 감사로 풀어낸 감동적인 이야기입니다. 이 책은 "좋은 나무마다 아름다운 열매를 맺는다…"는 성경 말씀을 떠오르게 합니다.

 "우리는 행복하기 때문에 웃는 것이 아니라, 웃기 때문에 행복하다."

"웃을 가능성이 없는 사람은 스프링 없는 자동차처럼, 길 위의 모든 장애물에 부딪히며 삐걱거릴 것이다."

선배님과 함께할 때마다 이 명언들이 떠오릅니다. 선배님은 앞으로도 특유의 유머와 마음에서 우러나오는 따뜻함으로 많은 사람들에게 행복을 나누며 살 것이라 믿습니다.

선배님의 자서전 출간을 진심으로 축하드립니다

임 승 쾌
(코리언 타임스 발행인)

참회의 기도와 같은 회고록

정지선 장로님의 자서전 출간을 축하 드립니다. 85세 노익장의 신앙심과 정신력, 강인한 근력으로 가족과 지역사회를 위해 오래 봉사해 오신 발자취를 담은 회고록이기에 더욱 소중합니다.

회고록은 참회의 기도와 같습니다. 절대자 앞에서 겸허하게 자신의 생애를 돌아보는 고백입니다. 미화 되지 않은 내 모습을 있는 그대로 드러내고, 내 삶을 하나님과 타인들의 준엄한 시각에서 바라보는 성찰입니다.

저는 지난 40여 년간, 북가주에서 정 장로님과 교제해 왔습니다. 학교 선배 되실 뿐 아니라, 교회 생활, 지역사회 봉사, 매스터 코랄 합창단 활동 등을 통해 가까이 지내왔습니다. 장로님의 가장 두드러진 면모는 긍정적이고 유머 넘치는 성품과, 많은 사람들을 아우르는 친화력입니다. 그리고 평생을 이어온 지칠 줄 모르는 봉사 정신입니다. 그분의 이웃 섬김의 은사는 어디에 근거한 것일까 생각해 봅니다.

우선 하나님을 향한 믿음에 그 뿌리가 있음을 믿습니다. 하나님을 높이 섬기고 이웃을 네 몸같이 사랑하라는 계명을 지키려는 신앙심이 바로 그 원천일 것입니다. 이런 신심이 삭막한 이민 사회에 한 알의 밀알이 되고자 하는 열정과 추진력을 갖게 했을 것입니다.

또한 그의 낙관성이 큰 자산입니다. 그것은 매년 매스터 코랄 합창단의 큰 행사들을 동포사회의 절대적인 후원을 얻어 성공적으로 이뤄내는 원동력이 됩니다. 타고난 면도 있지만 그의 낙천성은 오랜 훈련으로 다져졌을 것입니다. 역경 속에서도 낙관적인 자세로 살아가는 내면의 힘이 지역사회와 이웃들에게 긍정의 에너지를 나눠 줌을 믿습니다.

인생 후반의 회고는 내쉬는 날숨과 같습니다. 대부분 사람들은 들이쉬는 들숨이 더 중요하다고 생각합니다. 더 얻고, 채우려는 본능 때문이겠지요. 그러나 나를 비워내는 날숨이 우리의 생명을 더 풍요롭게 합니다. 노인들이 연약해 질수록 가쁘게 들숨을 들이쉬지만, 생명력 넘치는 갓난 아이의 첫 울음은 힘찬 날숨입니다.

정 장로님의 여생이 하나님의 은총과 강한 날숨의 생명력을 힘입어 이웃을 위해 계속 많은 봉사를 하시길 바랍니다.

김 희 봉
(수필가, 버클리 문학협회장)

 머리말

저의 지난 삶을 돌아볼 때마다, 한 가지 확실한 사실을 깨닫게 됩니다.

제가 삶의 격랑 속에서도 지난 85년을 살아올 수 있었던 것은 오직 하나님의 은혜와 인도하심 덕분이라는 것입니다. 수많은 굴곡과 도전 속에서 때로는 넘어지고 방황하기도 했지만, 하나님께서는 단 한 순간도 저를 외면하지 않으시고 늘 붙잡아 주셨습니다.

이 책을 집필하게 된 가장 큰 이유는, 하나님께서 저를 어떻게 인도하셨는지를 증거하고, 그 은혜와 깨달음을 가족과 이웃, 그리고 후손들과 나누기 위함입니다. 제 삶의 격랑 속에서 하나님의 뜻이 어떻게 숨겨져 있었는지를 다시금 확인하고, 이를 글로 시인하고 기록함으로써 하나님께서 제 일생에 함께하셨음을 감사하며 고백하고 싶었습니다. 지나온 모든 순간이 하나님의 계획 안에 있었으며, 그분의 섭리가 아니었다면 저는 결코 오늘 이 자리에 설 수 없었을 것입니다.

돌이켜보면, 저의 삶은 결코 평탄하지 않았습니다.

전쟁과 가난, 낯선 땅에서의 이민 생활, 사업의 부침, 그리고 크고 작은 실패와 실수들. 그러나 그 모든 과정 속에서도 하나님께서는 저를 단련시키시고 다시 일으켜 세워 주셨습니다. 때로는 방황하며 잘못된 길을 가기도 했지만, 결국 하나님께서는 저를 바른 길로 인도하시며, 깊은 깨달음과 회개의 기회를 주셨습니다. 그 순간들이 모여 저를 성장시키고 믿음을 더욱 단단하게 만들었습니다.

이 책을 통해, 저는 하나님께서 부족한 저를 어떻게 여기까지 손 잡아주셨는지를 나누고자 합니다. 제가 걸어온 길은 단순한 제 개인의 기록이 아니라, 하나님께서 함께하셨던 흔적이며, 그분의 크신 은혜의 증언이기도 합니다.

이민자로서의 삶과 그 속에서 겪었던 어려움과 극복의 과정이, 동시대를 살아가는 이들에게 작은 위로가 되고, 후손들에게는 희망과 믿음의 유산이 되기를 바랍니다.

이 책이 세상의 빛을 볼 수 있도록 곁에서 지지해 준 아내 정정자에게 깊은 감사를 전합니다. 아내의 사랑과 헌신이 없었다면, 이 책을 시작조차 할 수 없었을 것입니다. 또한, 저를 영적으로 이끌어 주신 여러 목사님들께도 감사를 드립니다.

제 삶의 든든한 기둥이 되어준 두 자녀와 사위들, 그리고 사랑하는 손자손녀들에게 감사의 마음을 전합니다. 아울러, 이 모든 여정을 함께해 온 교인들, 친지들, 동창들, 그리고 샌프란시스코 매스터 코랄 단원 여러분께도 깊은 감사를 드립니다. 특히, 제가 힘든 시기에 따뜻한 손길을 내밀어 주셨던 모든 분들에게 잊지 못할 감사의 마음을 전합니다. 또한, 이 책이 세상에 나올 수 있도록 애써 주신 『북산책』 출판사 김영란 대표님께도 깊이 감사드립니다.

늘 저를 붙잡아 주시고, 올바른 길로 인도해 주신 하나님께 모든 영광을 돌립니다. 주어진 시간 동안 더욱 감사하며, 하나님께서 맡겨주신 사명을 따라 남은 삶도 힘차게 걸어가겠습니다.

감사합니다.

2025년 5월 1일 정 지 선

제 1부

부산 피난시절

열한 자녀의 막내

사랑을 듬뿍 받으며

내가 겪은 6.25

1.4 후퇴와 피난

부산 피난시절

전쟁이 남긴 한(恨)

부모님의 초상

열한 자녀의 막내

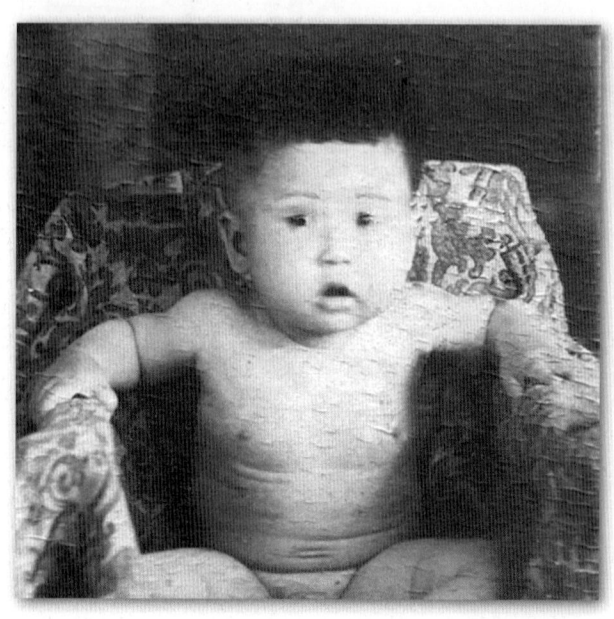

나는 1939년 서울 마포구 아현동 453번지 6호에서 아버지 정성훈과 어머니 김언년 사이에서 6남 5녀 중 막내로 태어났다. 내가 대가족 열한 자녀의 막내로 태어났을 때, 부모님 나이는 이미 43세나 되셨다. 16세라는 어린 나이에 동갑으로 결혼하셨던 부모님은 당시 조혼이라는 풍습 속에서 인연을 맺으셨다. 하지만 두 분이 어떤 사연으로 만나 결혼하게 되셨는지는 끝내 들을 기회가 없었다. 아버지는 보성전문학교를 졸업한 신식 교육을 받은 지식인으로, 학문적 깊이와 더불어 출중한 외모까지 갖춘 분이셨다. 반면 어머니는 국민학교조차 다니지 못한 무학의 순종적인 여성이셨다.

나는 가끔 부모님께서 처음 만나셨던 순간과 두 분의 젊은 시절 이야기를 상상해본다. 어떤 환경과 계기로 두 분이 하나가 되었는지, 그들의 사랑과 역사를 알 수 없다는 것은 지금도 아쉬운 부분이다. 특히 아버지의 삶과 신념, 그의 생각을 이해할 수 있는 중요한 단서를 놓친 것이 더욱 안타깝다. 부모님이 어떤 과정을 통해 서로의 삶 속에 자리하게 되었는지를 알 수 없다는 사실은 나 자신의 기원을 더 깊이 탐구하고 싶게 만든다.

아버지는 늘 바쁜 분이셨다. 사회적 활동이 많았던 것인지, 생계를 위해서였는지는 모르겠지만, 어머니와 따로 지내는 경우가 많았다. 그럼에도 불구하고 두 분은 27년 동안 거의 2~3년마다 한 명씩 열한 명의 자녀를 낳았다. 당시의 경제적 상황과 사회적 환경을 고려할 때, 이 많은 자녀를 낳고 키웠다는 사실은 경이롭기까지 하다. 자식은 하늘이 주는 축복이라며 생기는 대로 받아들이는 것이 당연하던 시대였겠지만, 두 분의 헌신과 인내는 정말 대단했다.

더욱 놀라운 점은, 당시 전쟁과 질병이 빈번했던 시대임에도 불구하고 병으로 한 명의 형제만 잃었을 뿐, 열 명 모두 성인이 될 때까지 건강하게 자랄 수 있었다는 것이다. 이는 부모님의 사랑과 끊임없는 돌봄 덕분이었다. 부모님은 자식들에게 무조건적인 사랑을 베푸셨고, 그것은 열악한 환경 속에서도 가족을 지탱하는 힘이 되었다.

나는 막내로 태어난 덕분에 늦게까지 부모님의 사랑을 받으며 자랐다. 어머니만 졸졸 따라다니며 잠을 잘 때도 부모님 사이에서 자는 것을 당연하게 여겼다. 어머니 가슴을 만지고 자는 것이 습관이 되다 보니 어머니께서는 자주 핀잔을 주셨다.

"징그럽다! 너 장가가면 네 마누라 가슴이나 만져라!"

당시 어머니 나이가 50정도였으니 그때 내가 얼마나 철이 없었나 하는 생각이 들곤 한다. 그러나 형님들과 누님들은 내가 세상에 나왔을 때 이미 대부분 결혼하거나 출가한 상태였다. 나는 자연스럽게 형제들과의 유대감을 깊게 쌓을 기회가 많지 않았다. 가족이 함께 지낸 시간보다 각자의 삶을 살아간 시간이 더 많았기에, 형제자매들과의 관계는 단편적인 기억으로 남아 있다. 그럼에도 불구하고 형제들이 남겨준 사랑의 흔적은 나의 성장 과정에서 깊은 영향을 끼쳤다.

부모님의 자비와 희생정신은 가정의 중심에 있었다. 열한 명의 자녀를 키우는 동안, 어머니는 단 한 번도 불평하거나 지친 기색을 보이신 적이 없었다고 한다. 어머니의 손길은 자식들에게 늘 따뜻하고 안식처와도 같았다. 아버지는 학문을 강조하셨지만, 어머니는 묵묵히 가정을 지키며 자녀들에게 삶의 지혜와 현실적인 사랑을 나누셨다.

이 모든 이야기를 돌아보면, 부모님의 삶은 그 자체로 한 편의 역사였다. 그들의 결혼, 자식들을 키우며 보낸 세월, 그리고 우리가 어른으로 성장하기까지의 모든 순간이 지금의 나를 형성하는 중요한 기반이 되었다. 비록 부모님이 처음 만나셨던 이야기를 듣지 못했고, 그들의 젊은 시절을 상상으로 채워야 하지만, 그들이 우리에게 남겨주신 사랑과 삶의 유산은 여전히 나의 기억 속에 뚜렷이 자리하고 있다.

사랑을 듬뿍 받으며

여러 형제자매 중 막내로 태어난 나는, 지금은 이미 세상을 떠난 형님들과 누이들의 한없는 사랑 속에서 자랐다. 나이 차가 컸던 만큼 더 많은 관심을 받았고, 그것이 당연한 듯 누리며 살았다. 부모님의 애정 또한 각별하여, 특별한 노력을 기울이지 않아도 작은 일에도 칭찬을 받곤 했다. 보통 막내는 열정적으로 길러지지 않고 투자도 적다고 하지만, 나는 부모님의 특별한 관심과 따뜻한 보살핌 속에서 자랐다.

옛말에 "딸 부잣집 막내딸은 선도 안 보고 데려간다"는 우스갯소리가 있는 것도, 사랑 받고 자란 사람이 대체로 온순하고 원만한 성품을 가지기 때문일 것이다.

어린 시절, 나는 귀엽고 영리하다는 말을 들으며 어디를 가든 사랑 받았고, 누이들과 형님들이 나를 아껴 주었다. 하지만 성격이 조용하고 내성적이었던 나는 어머니 치맛자락을 잡고 그 곁을 떠나지 않았다. 공부를 잘해 선생님과 친구들에게 인정받았음에도 불구하고, 나는 언제나 어머니를 찾았다. 어머니는 특별한 교감으로 내 감정을 읽어 내셨고, 내 작은 필요까지도 세심하게 채워 주셨다. 늘 부엌에서 바삐 움직이셨지만, 어머니가 그곳에 계시다는 것만으로도 나는 든든했다.

우리 가족은 대대로 서울에서 살아왔다. 그래서 맨발로 흙길을 달리거나 논두렁에서 들꽃을 따던 정겨운 시골 풍경 속 추억은 없었다. 그러나 세상은 내게 끝없는 호기심의 대상이었다. 특히 나는 눈 오는 날을 손꼽아 기다리곤 했다. 마당이 하얗게 덮이면 친구들과 눈사람을 만들며 추위도 잊은 채 뛰어놀았다. 해질 무렵, 어머니가 끓여 주신 뜨끈한 국밥 한 그릇에 온몸이 녹아내리듯 따뜻해졌다. 그 시절의 겨울은 지금보다 훨씬 더 춥게 느껴졌지만, 마음속 따스함은 여전히 내 안에 남아 있다.

처음 자전거를 배울 때 무릎이 까져 아까징끼를 바르던 기억, 동화 속 나라를 상상하며 끝없이 상상의 나래를 펼치던 기억, 밤이면 뒷동산에 올라 별을 바라보며 노래 부르던 기억… 어린 시절의 장면들이 마치 오래된 사진첩을 한 장씩 넘기듯 떠오른다.

첫 학교 입학식에서의 긴장과 설렘, 좋아하던 선생님과의 추억, 소풍과 운동회에서 마음껏 뛰어놀던 순간들. 학교 가는 것이 즐거웠던 유년 시절, 나는 하루하루가 충만하고 행복했다. 작은 것에도 크게 기뻐하며, 오색 물감으로 내 마음속 세상을 마음껏 그려 나갔다. 이제는 추억으로만 남은 그 시절, 세상은 작았고 마음은 컸던 단순하지만 행복했던 시간들. 어머니가 끓여 주시던 된장찌개의 구수한 맛에 냄새까지 맡을 수 있을 것 같다. 그때는 너무도 당연하게 여겼던 것들이, 이제 와 돌이켜보면 나를 형성한 소중한 원천이었음을 깨닫는다.

내가 겪은 6.25

　전쟁은 모든 것을 단숨에 뒤엎었다. 평화로운 일요일 아침, 가족들과 함께 시간을 보내던 중 6.25 전쟁이 발발한 것이다. 그때 나는 국민학교 5학년, 열한 살이었다.

　전쟁의 소용돌이는 순식간에 온 동네를 삼켜버렸고, 사람들은 살아남기 위해 황급히 피난길에 올랐다. 그러나 우리 가족은 대대로 서울에 터를 잡고 살아와서 시골에 친척이 없었기에, 피난처가 없던 우리는 서울에 남을 수밖에 없었다.

　마을을 휩쓸고 다니던 인민군들은 남자들을 차출해 갔다. 형님들은 집안 다락과 천장 속에 몸을 숨겼다. 그 좁고 캄캄한 공간에서 하루하루를 버티며, 들킬까 두려워 숨소리조차 죽여야 했다. 아버지는 땅을 파서 만든 작은 지하 공간에 몸을 숨겼다. 햇빛 한 줄기 들지 않는 차가운 땅속이었지만, 그것이 목숨을 부지할 유일한 피난처였다.

　쉽게 허기는 찾아왔고 먹을 것은 절망적이어서 겨우 국수 한 그릇으로 온 가족은 끼니를 때웠다. 밤이면 들려오는 총성과 포탄 소리에 가족들은 불안에 떨었다. 형님들이 숨은 다락을 올려다보며, 무사히 그 밤을 넘기기를 기도했다. 전쟁은 평범했던 일상을 모두 앗아갔다. 오직 불안과 공포만이 남았다.

　삶과 죽음의 경계는 한 순간이었다. 모든 것이 참담했지만, 서로를 지키기 위해 버텨야 했다. 그 무렵, 피난을 결심한 가족들은 개성에 계신 큰 형수님 댁으로 향하기로 했다. 피난 대열에 합류한 나는 더욱 꼭 어머니의 손을 잡았다.

열한 살의 작은 등에 쌀 두 말을 짊어졌을 때, 그것은 마치 큰 산과 같았다. 하지만 선택의 여지는 없었고 그 역할은 내 몫이었다. 돌이 가득한 비포장도로, 발목을 붙잡는 진흙, 깊이 팬 웅덩이들, 험한 길을 걷는 동안 내 몸은 흙과 땀으로 범벅이 되었다. 몸은 점점 무거워졌고, 한 걸음 한 걸음이 버거웠다. 숨이 가빠지고 목이 타들어 갔지만 멈출 수는 없었다.

마침내 임진강이 눈앞에 펼쳐졌다. 한편으로는 안도감이, 한편으로는 두려움이 밀려왔다. 이 깊고 넓은 강을 어떻게 건널 것인가. 강가에 다다라 쌀자루를 내려놓았을 때, 온몸이 녹초가 되었지만 다시 가족들의 얼굴이 떠올랐다. 아무리 힘들어도, 가야 할 길은 멈출 수 없었다. 피난길에는 저마다의 짐을 이고 진 사람들이 줄지어 걸었다. 등에 아이를 업은 어머니들, 지친 몸을 이끌고 묵묵히 발걸음을 내딛는 아버지들… 길은 끝없이 이어졌다. 나는 그때 그 길 위에서 처음으로 세상의 무게를 배운 것 같다.

공습경보가 울리던 날, 우리는 급히 몸을 피해야 했다. 부모님의 다급한 손에 이끌려 작은 숲으로 뛰어들었다. 숨을 죽인 채 나무 뒤에 몸을 웅크리고, 서로의 얼굴만을 바라보았다. 머리 위로 미군 비행기가 윙윙거리며 지나갔다.

"조용히 해라, 움직이지 마라!"

부모님의 긴박한 목소리가 아직도 귀에 생생하다. 시간이 그렇게 느리게 흘러갈 수가 없었다.

강을 건너기 위해 나룻배를 기다렸지만, 배는 쉽게 오지 않았다. 그때 들려온 소식은 미군이 인천에 상륙했다는 것이었다. 혼란 속에서 가족들은 다시 길을 돌려 집으로 돌아가기로 결정했다. 돌아오는 길도 불안과 두려움이 가득했다. 긴장 속에서 하루하루를 보내던 어느 날, 9월 28일 서울이 수복되었다. 넷째 형님은 육군 보병 장교로 자원했다.

전쟁은 모든 것을 앗아갔지만, 우리는 그날 집에서 조용히 한숨을 내쉬었다. 6.25 전쟁은 긴 악몽과도 같았다. 그러나 그 속에서 우리는 버텨냈고 살아남은 자들은 끝내 살아남았다.

1.4 후퇴와 피난

　수복의 기쁨도 잠시, 몇 달 만에 전세는 다시 뒤집혔다. 중공군이 압록강을 넘어 남하하자 1.4 후퇴가 시작되었고, 우리는 더 이상 집에 머물 수 없었다. 전쟁의 공포가 가까워지며 선택은 피난뿐이었다. 아버지, 어머니, 큰 형수, 다섯째 형, 큰 형님의 아들인 조카, 그리고 나 이렇게 여섯 명이 남쪽을 향해 떠났다. 기차에 타려고 보니 그 안은 빈틈 하나 없이 한 사람 한 사람이 빽빽하게 서로 몸을 맞대고 있는 상태였다. 할 수 없이 우리 가족이 기차 지붕 위로 올라가자 그곳은 또 다른 지옥이었다. 좁고 불안정한 지붕에 올라선 우리는 서로를 붙잡고 균형을 잡으며 간신히 자리를 잡았다.

　기차의 속도는 느렸지만 바람이 거세게 몰아쳐 몸은 흔들렸고 차가운 겨울바람이 옷 속까지 파고들었다. 터널을 지날 때마다 탁하고 매캐한 연기에 숨이 막히고 기차의 작은 움직임조차 큰 파동처럼 느껴졌다. 몸을 움츠린 채 간신히 숨을 몰아 쉬다 터널을 빠져 나온 가족의 그을린 얼굴은 마치 당시 거리를 떠돌던 노숙자들 같았다. 기차가 멈출 때마다 중학교 3학년이던 다섯째 형과 조카는 내려가 쌀을 씻어와 군용 버너에 밥을 지어, 우리는 가져온 김치와 함께 허겁지겁 먹으며 잠시나마 사람답게 살 수 있는 시간을 가졌다.

　한 번은 기차가 터널에서 멈춰, 매캐한 연기 속에서 숨조차 제대로 못 쉬며 그 시간은 절망적으로 길게 느껴졌다. 기막힌 일은 기차에서 떨어져 목숨을 잃는 사람들을 목격한 것으로 그때 느꼈던 공포는 아직도 생생하다. 무심코 발을 헛디뎌 떨어지는 사람들을 눈앞에서 목격하며 나는 오금이 저렸다.

죽음이 한 발짝 앞에 있다는 그 누구도 확신할 수 없는 순간을 나는 너무나 가까이에서 느꼈고, 그 후로는 바람에 살짝 균형만 잃어도 나도 그들과 같은 운명을 맞이할 것만 같은 공포에 짓눌렸다.

겨울의 매서운 바람을 온몸으로 맞은 우리 가족은 사흘 후에 간신히 부산에 도착했다.

부산에서의 피난 시절

부산에 도착한 우리는 아버지의 친구가 빌려준 작은 집에서 피난 생활을 시작하게 되었다. 그때의 은혜를 잊지 않고 우리 가족은 감사의 뜻으로, 훗날 그분의 아들이 서울 의대에 진학한 뒤 6년 동안 우리 집에서 함께 지낼 수 있도록 보살폈다. 당시 부산의 피난민들은 판잣집을 짓고 생활했다. 미군 부대에서 나온 나무 판자나 종이 박스를 벽으로 삼고, 바닥에는 가마니를 깔아 겨우 땅의 냉기만 막았다.

어머니는 가족에게 도움이 될까 싶어 김밥을 만들어 부산 국제시장으로 향했고, 당연히 엄마 껌딱지인 나도 어머니를 따라나섰다. 그러나 시장 한구석에서 김밥을 팔려고 자리를 잡고도, 어머니와 나는 도무지 "김밥 사세요"라는 말을 입 밖에 낼 수 없었다. 부끄럽고 낯설어서 머뭇거리다 결국 한 마디도 못 하고, 팔지 못한 김밥을 전부 다시 들고 집으로 돌아왔다. 그 김밥은 며칠 동안 우리 가족의 식사가 되었다. 어머니의 피곤한 얼굴과 그날의 허탈감이 가끔씩 떠오르곤 한다.

그러던 중, 형과 조카가 우연히 미군 PX 앞을 지나게 되었다. 미군들이 PX에서 사서 나오는 양주와 맥주를 보고, 그것을 사서 고급 술집에 팔기 시작했다. 뜻밖에도 그 장사는 성과를 보였고, 우리 가족의 생활에 큰 도움이 되었다. 우리가 살던 곳은 부산 남부민동으로 물이 집으로 들어오지 않는 빈민촌이었다. 어머니는 새벽마다 언덕 아래 수도에서 물을 길어 나르셨는데, 나는 어린 마음에도 그 모습이 너무 안타까워 속으로 '훗날 꼭 어머니와 살면서 효도해야지.'라며 다짐하곤 했다.

[다섯째 형님과 나]

  힘든 피난 생활 속에서도 중학교에 다니던 다섯째 형님은 피난 학교에 복학했고, 나는 토성국민학교에서 6학년으로 들어갔다. 피난 학교는 임시수도인 부산의 광복동 판잣집이나 천막 안에서 운영되었다. 어려운 상황에서도 공부를 이어가던 중, 나는 피난 온 학생 200여 명 중 1등을 해서 피난 국민학교에서 반장을 맡게 되었다. 그 일은 지치고 고생스럽던 가족에게 기쁨을 주었고, 나는 자신감을 갖는 계기가 되었다.

  국민학교 6학년 2학기가 되던 무렵 아버지가 서울로 돌아가자고 하셔서 우리는 다시 길을 나섰다. 서울의 노량진까지 도착했지만, 이미 다리는 끊어져 한강을 건널 수 없었다. 결국 한 달이나 아는 사람 집에 머물다 겨우 강을 건너 집으로 돌아올 수 있었다. 그러나 집으로 돌아왔을 때 내가 다니던 아현국민학교는 사라지고 그 자리에 종합중학교가 세워져 있었다.

5년 동안 다닌 학교가 사라진 충격은 컸고, 전쟁이 내가 아끼던 것들을 사정없이 앗아가 버린 것을 더욱 실감했다. 결국 아버지는 나를 서대문에 있는 미동국민학교로 전학시켰다.

폭격 소리, 총성, 불타는 집, 기차에서 떨어지는 사람들 등, 열한 살 나이에 전쟁의 공포를 온몸으로 겪었던 나는 모든 것이 무서워 밤마다 악몽을 꾸었다. 기차 위에서 목격한 참혹한 장면들은 오랫동안 내 안에 트라우마로 남았으나, 그런 비극에도 살아남아 지금 이 순간 그 이야기를 증언하고 있다는 것은 기적이라 생각한다. 그 어려운 시절을 버틸 수 있던 것은 다행히 부모님을 잃지 않았고 어머님의 따스한 사랑이 나를 늘 감쌌기 때문이다. 하지만 훗날 나는 깨달았다.

그때도 나를 지켜주신 보이지 않는 또 다른 손이 있었음을.

🕊️ 전쟁이 남긴 한(恨)

1950년 6월 25일, 한반도를 뒤흔든 전쟁이 시작되었다. 그리고 1953년 7월 27일, 정전협정이 체결될 때까지 3년 1개월 2일이라는 긴 시간 동안 한반도는 참혹한 전쟁터가 되었다. 가족과 함께 살아남는 것이 가장 중요한 과제가 되었던 6.25 전쟁은 국토를 황폐화시켰고, 끝난 후에도 수많은 사상자와 이산가족을 남기며 깊은 상처를 남겼다. 우리 가족도 그 전쟁의 희생자가 되었다.

넷째 형은 전쟁이 발발하자 육군 소위로 임관하여 전방 6사단에 배치되었다. 하지만 휴전협정이 체결되기 직전, 금화지구에서 치열한 전투를 벌이던 중 전사했다. 그 소식이 전해졌을 때, 우리 가족은 말로 다 할 수 없는 비통함에 빠졌다. 특히 부모님의 고통은 감히 상상조차 할 수 없었다.

처음 소식을 들었을 때 부모님은 믿지 못하셨다. 아니, 믿고 싶지 않으셨을 것이다. 그들의 심장은 찢어지는 듯한 고통 속에서 절망과 허탈함에 휩싸였다. 시간이 흐르면서 비극적인 현실을 받아들여야 했지만, '왜 하필 우리 아들이었는가?' 하는 원망이 머릿속에서 떠나지 않으셨을 것이다. 나는 부모님이 허공을 멍하니 바라보며 깊은 슬픔에 잠겨 있는 모습을 자주 보았다. 그분들은 형의 기억을 가슴 깊이 간직한 채, 그 상실감을 안고 하루하루를 견뎌내야 했다. 형이 남긴 흔적들은 더 이상 돌아올 수 없는 현실을 상기시키는 아픔이 되었다. 그리고 나 또한 형의 웃음소리와 목소리가 또렷하게 들리는 듯했다.

[넷째 형님의 동작동 국군묘지 앞에서]

어머니는 형을 잃은 슬픔에 밤새 눈물로 지새우셨을 것이고, 아버지는 겉으로는 꿋꿋한 척했지만 자주 하늘을 올려다보며 참았던 눈물을 흘리셨을 것이다.

이러한 슬픔과 고통은 단순히 우리 가족만의 비극이 아니었다. 6.25 전쟁은 수많은 가정에 같은 아픔을 남겼고, 우리는 그 시대의 수많은 유가족 중 하나가 되었다. 시간이 흐른 후에야 나는 우리 가족의 아픔이 단순한 개인의 슬픔이 아니라, 전쟁이 초래한 한국 사회 전체의 고통을 대변하는 것이라는 사실을 깨닫게 되었다. 하지만 부모님에게는 그 슬픔을 온전히 느낄 시간조차 허락되지 않았다. 남아 있는 가족을 지켜야 했던 부모님은 책임감 때문에 분노에 휩싸일 시간도, 오래 슬퍼할 시간도 없었을 것이다.

  나는 자식을 둔 부모가 된 후에야 부모님의 심정을 조금이나마 이해할 수 있었다. 어린 나에게 형의 죽음은 받아들이기 어려운 현실이었다. 그 당시 나는 죽음이 무엇인지 정확히 이해하지 못했지만, 집안 분위기에서 크나큰 혼란과 공포를 느꼈다. 형과의 추억이 많지 않았음에도 불구하고, 나는 이 상황이 뭔가 불공평하다고 느꼈고 어쩌면 내게도 무슨 일이 일어날지 모른다는 불안감에 휩싸이기도 했다. 나는 어머니 곁에 더욱 붙어있으면서 어머니를 위로하려 했고, 좀 더 책임감 있고 성숙한 모습을 보이려 노력했다.

  훗날 생활이 어려웠을 때 어머니는 형의 전사로 인해 받은 보상금으로 생계를 이어가야 했다. 보상금을 받을 때마다 어머니는 무슨 생각을 하셨을까? 형의 희생이 금전적 가치로 환산될 수 있는 것이었을까? 그 돈을 쓰실 때마다 어머니 마음은 얼마나 아프셨을까?

  나는 이제야 어머니가 그때 느꼈을 감정을 조금은 헤아릴 수 있을 것 같다. 전쟁은 전장의 전투로 끝나지 않아서 전쟁이 끝난 후 우리 가족에게는 크나큰 슬픔이라는 전리품이 남겨졌고, 우리는 그것을 안고 살아가야 했다. 전쟁이 앗아간 것은 단순한 생명이 아닌 우리의 가족이고, 형이고, 우리의 평온한 삶이었다.

  시간이 흘러도 한참 흘러도 형의 죽음은 우리 가족의 역사 속에서 사라지지 않았다.

부모님의 초상

누구나 그렇듯이 내가 성장하는 동안 나는 부모님의 영향을 많이 받고 자랐다. 그러나 두 분은 너무나도 달랐다. 아버지는 학문과 논리를 중시하는 신식 교육을 받은 지식인이었고, 어머니는 공식적인 교육을 받지 못했지만 삶의 지혜와 따뜻한 감성을 지닌 분이었다. 한쪽은 이성적이고 침묵이 깊었으며, 다른 한쪽은 감성적이고 따뜻한 손길로 세상을 품었다. 나는 두 분의 대조적인 모습을 보며 평생 스스로에게 질문을 던져왔다. 이 두 세계는 끊임없이 내 안에서 충돌하면서도 조화되었고, 결국 나를 형성하는 가장 중요한 뿌리가 되었다.

아버지는 보성전문학교를 졸업하고 신식 교육을 받은 지식인이었다. 그는 일제 강점기에 관제청에서 근무하며 적산가옥을 관리하는 일을 하셨다. 일본이 패망한 후 일본인들이 본국으로 돌아가면서 남긴 재산을 불하하는 업무를 맡으셨고, 그 덕분에 우리 가족은 서울 아현동의 이층 양옥에서 살 수 있었다. 아버지는 안정된 직업과 높은 교육 수준 덕에 사회적으로도 인정받았지만, 내게는 여전히 너무나도 먼 존재였다. 아버지는 말수가 적었고 감정을 드러내지 않는 분이었다. 그의 표정과 감정은 어린 나에게는 이해되지 않아서 우리는 많은 대화를 나누지 못했다. 아버지가 워낙 무뚝뚝했기 때문에 어머니는 자연스럽게 가정의 중심이 되었다. 어머니는 명랑하고 따뜻한 분이셨고, 나는 어머니 곁에서 그녀의 분신처럼 자랐다. 어머니는 공식적인 교육을 받지 못한 무학의 여성이었지만, 그 누구보다도 삶의 지혜가 깊었고, 사람을 품는 따뜻한 손길을 가지셨다. 어머니는 종종 아버지에 대해 이야기하셨다.

"네 아버지가 학교 다닐 때 사각모자에 망토를 두르고 나가면 여자들이 줄줄 따라다녔어."

그 말에는 자랑과 약간의 질투가 섞여 있었다. 어린 마음에도 아버지가 멋진 분이라는 생각이 들었지만, 그는 왜 가족보다는 다른 세상에 더 관심을 가졌을까 하는 의문이 남았다.

"난 기생한테 뺨도 맞았다."

어머니는 이렇게 농담처럼 말씀하시면서도, 아버지를 여전히 우상처럼 섬기셨다. 어머니의 말투에는 장난기가 섞여 있었지만, 나는 그 속에서 아버지와의 거리감을 어렴풋이 느꼈다.

내가 철이 들었을 때, 아버지는 이미 쉰이 넘은 나이였다. 당시로서는 꽤 연로하신 편이었고, 나와 아버지 사이의 거리는 나이 차이만큼이나 멀게 느껴졌다. 아버지는 나에게 지식과 논리를 전수해주셨지만, 그 과정은 말이 아닌 무언의 가르침이었다. 그는 직접 나를 이끌어 주기보다는 그의 삶 자체가 하나의 교훈이었고, 나는 그것을 보고 배워야 했다.

아버지는 여행을 좋아하셨고, 금강산을 비롯한 전국 곳곳을 다니며 사진을 남기셨다. 하지만 그 사진들 속에서 어머니와 함께한 모습은 단 한 장도 없었다. 아버지는 늘 혼자였고, 그 외로움과 거리는 나에게도 고스란히 전해졌다. 그럼에도 불구하고 아버지는 11명의 자녀를 두셨다. 어머니가 나의 바로 위 형을 낳을 무렵 큰며느리 또한 출산을 했다. 그리하여 형과 조카는 같은 해 태어난 동갑내기로 평생 친구처럼 지냈다.

내가 태어날 때는 큰형수가 산파 역할을 해 나를 받아주셨고, 나는 형수님의 품에 안겨 자랐다고 한다. 막내로 태어난 나를 맞이할 즈음, 형제자매들은 대부분 이미 출가한 상태였다. 자연히 그들과의 유대감은 깊지 않았지만, 그들의 존재는 마치 커다란 나무처럼 내 삶에 든든한 그림자를 드리우고 있었다. 대가족의 일원으로 살아간다는 것은 의지할 수 있는 일이긴 했지만, 그 안에서도 나는 늘 어머니에게 기대고 매달리며 자랐다. 반면, 아버지는 점점 더 먼 존재가 되어갔다.

아버지는 우리가 상상하는 전형적인 권위적인 가장이 아니었지만, 여전히 그의 존재는 우리 가족을 압도했다. 어머니는 그런 아버지를 어려워하셨고, 두 분 사이의 대화는 거의 없었다. 자연스럽게 나도 아버지와 많은 시간을 보내지 않았고, 그렇게 우리 사이는 침묵 속에서 더욱 멀어져 갔다.

나는 아버지와 어머니의 대조적인 삶을 바라보며, 두 세계가 내 안에서 어떻게 공존하고 있는 지 고민하게 된다. 아버지가 남긴 논리와 지식, 그리고 어머니가 남긴 사랑과 감성. 그것들은 서로 충돌하기도 했고, 조화를 이루기도 하면서 내 삶의 방향성을 형성했다. 아버지와 많은 대화를 나누진 못했지만, 그가 보여준 학문적 열정과 지적인 태도는 나에게 강한 영향을 주었다. 반면, 어머니의 본능적인 사랑과 따뜻한 손길은 나에게 인간다움이 무엇인지 알려주었다. 어머님의 기억력 또한 내게 물려주신 귀한 선물이다. 그 덕분에 나는 전화번호를 적기보다는 외우는 습관을 기를 수 있었고, 그 방식은 지금까지도 변함없이 이어지고 있다. 논리와 감성, 지식과 사랑, 그것들이 함께 어우러질 때 나는 비로소 온전한 나 자신이 될 수 있음을 깨닫는다. 그것이 바로 나를 이루는 뿌리이자 정체성으로 부모님께서 나에게 남겨주신 가장 큰 선물이다.

제 2부

꿈을 키우던 학창시절

처음 맛본 실패
주님을 처음 만난 날
롤러코스터 타던 시절
조카 광자
아련한 첫사랑의 추억
젊음, 자유 그리고 낭만
반세기 넘어 지킨 성가대
체벌로 이어진 군 복무
졸업, 끝이 아닌 출발

처음 맛본 실패

전쟁이 끝나고 학교로 돌아갔을 때, 배우지 못한 과목들이 있었지만 다행히 빠르게 수업을 따라갈 수 있었다. 국민학교 졸업이 가까워지면서 자연스럽게 중학교 진학을 고민해야 할 시기가 왔다. 선생님께서는 경기중학교에 지원하라고 권하셨지만 내 마음은 경복중학교로 기울었다. 다섯째 형과 큰형님의 아들인 조카가 이미 경복고등학교에 다니고 있었기 때문이다. 선생님께서도 나의 결정을 존중하시며 한마디 덧붙이셨다.

"경복중학교에 가되, 꼭 최고 점수를 받아 톱을 해보거라."

나도 자신이 있었기에 "그러겠습니다!"라고 답하고 시험을 치렀다. 시험장은 배재고등학교였고, 당시 입시 시스템은 500점 만점에 학교별 커트라인이 정해져 있어 점수에 따라 배정되는 방식이었다. 시험이 끝난 후 선생님과 함께 답을 맞춰보니, 적어도 420점은 받을 것 같았다.

"이 정도 점수면 경복중학교에서 1등도 가능하겠어!"

선생님의 말씀을 들으며 나는 희망에 부풀어 결과를 기다렸다. 그때부터 나는 혹시 경복중학교의 수석 합격자가 신문에 실리지 않을까 싶어 매일 아침 신문을 뒤적였다. 가슴이 설레고 기대감에 차 있었다. 그러던 어느 날, 부산에서 피난 생활을 하며 경복고등학교 1학년에 다니던 형이 집으로 전화를 걸어왔다.

"지금 상황이 어때?"

형의 물음에 나는 자신만만하게 대답했다.

"경복중학교에 시험을 쳤는데, 아마도 톱이 될 것 같아."

그러자 형의 목소리가 순간 흔들렸다. 그리고 한숨 섞인 말이 이어졌다.

"너 떨어졌어."

"무슨 말이야? 내가 420점인데 왜 떨어져?"

나는 믿을 수 없었다. 그러자 형이 차분히 말했다.

"네 점수 264점이야."

그 순간, 내 온몸이 얼어붙는 듯했다. 당시 경복중학교 커트라인은 306점, 경기중학교는 372점이었다. 나는 형의 말을 믿을 수 없었다. 선생님과 확인했던 점수와 무려 150점 이상 차이가 났기 때문이다. 어디서 문제가 발생한 것인지 알 길이 없었다.

내가 답안지에 이름을 잘못 썼던 걸까? 채점 오류가 있었던 걸까? 시험지가 바뀐 건 아닐까? 그러나 그 의문을 풀 방법은 없었다. 자신감 넘치던 나는 내 생애 처음 경험한 실망감으로 한 순간 절망의 바닥으로 떨어지는 기분을 느꼈다. 나의 입학시험 실패에 가족과 선생님도 실망을 감추지 못했다. 무엇보다도 내 자신에게 부끄러워 나는 한참을 괴로워하며 힘든 시간을 보냈다. 그러나 시간이 흐르면서, 그 실패를 반드시 극복하겠다는 마음이 강해졌다. 결국 나는 2차 학교 중 평판이 좋았던 덕수중학교에 입학했다. 그러나 마음속에는 오로지 하나의 목표가 자리 잡았다.

"반드시 경복고등학교에 들어가고 말겠다."

그 집념 하나로 중학교 3년 내내 공부에만 몰두했다. 어린 시절 목표를 이루지 못하고 좌절을 경험했지만, 다행히도 나는 그 실패를 통해 끈기와 인내심을 배우게 되었다. 이 실패는 내 인생에서 가장 쓰디쓴 어린 시절 첫 경험이었지만, 동시에 그 일은 어떤 어려움이 와도 다시 일어설 수 있는 정신력의 밑거름이 되었다.

주님을 처음 만난 날

중학교 2학년 때 임덕기라는 친구가 있었다. 그는 중앙감리교회에서 거의 살다시피 하며 신앙생활에 열심이었다. 어느 날 그의 권유로 처음 교회에 발을 들이게 된 나는, 그동안 느껴보지 못한 전혀 새로운 세계를 경험했다. 교회는 따뜻하고 정겨운 곳으로, 크리스마스가 되면 미국에서 온 구호물자를 거저 나누어주었고, 평소에도 맛있는 간식을 제공했다. 그때 어린 마음에 교회는 '좋은 곳'이라는 인식이 자리 잡았고, 자연스럽게 '하나님은 좋은 분'이라는 생각이 들었다.

그 시절 교회에는 탁구대가 있었다. 1950년대 전쟁 직후의 시대를 떠올려보면 이는 상당히 특별한 시설로, 아이들에게는 새로운 세계를 열어주는 창문 같았다. 나는 기독교가 무엇인지, 하나님이 누구인지 전혀 알지 못한 채 탁구에 대한 흥미와 여학생들에 대한 호기심으로 교회를 다니기 시작했다. 그때는 단순히 교회가 제공하는 즐거운 시간과 함께 교회에서 느껴지는 편안한 분위기가 나를 계속 그곳으로 이끌었다. 땀 흘리며 탁구를 치다 보면 자유와 즐거움을 느끼고, 교회는 갈 때마다 마음이 따뜻하고 편안해서 나를 계속 그곳으로 향하게 했다.

그렇게 교회에 다니면서, 처음에는 단순히 이성과 게임, 간식을 즐기러 갔던 내가, 어느 순간 하나님의 사랑을 서서히 느끼게 되었다. 마치 따뜻한 이불 속에 감싸이는 것 같은 포근한 감정이 내 마음 속에 깊이 스며들기 시작했다. 시간이 지나면서 그 작은 경험들이 내 삶에 깊은 뿌리를 내리게 되었고, 하나님은 점차 내 마음속에 희망과 기쁨을 주는 존재로 자리잡았다. 돌이켜보면 그때의 경험이 내 신앙의 시작이었고, 나를 지금까지 이끌어 준 중요한 원동력이 되었다.

[고등학교 때 교회 성가대원들과]

롤러코스터 타던 시절

덕수중학교에서 오로지 열심히 공부만 한 끝에, 마침내 경복고등학교 입시를 볼 수 있는 기회를 얻었다. 이미 한 번 실패를 경험했던 터라, 합격자 발표 날에는 자신이 없어서 발표장에 가지도 못하고 멀리 운동장 구석에 쭈그리고 앉아 있었다.

사방에서 합격소식으로 환호하는 가운데, 그 학교에 다니던 형이 합격자 명단을 확인하고 내게 다가와 축하한다고 했다. 3년간 한 목표로 달려온 끝에 원하던 학교에 합격을 한 것이다. 형은 내 모자에서 덕수 모표를 떼고 경복 모표를 달아주며, 교복 칼라에 달린 자신의 '福' 배지를 떼어 나에게 바꿔 달아주었다. 그 순간은 세상을 다 가진 것만 같아 날아갈 것만 같았다. 그러나 그 기쁨은 오래가지 않았다.

학교에 입학한 후 긴장감이 풀리면서 나는 점점 공부에서 멀어지기 시작했다. 중학 시절 내내 공부에만 매달렸던 반작용 때문인지, 나는 놀기 좋아하는 친구들과 어울리며 점점 학업에서 멀어졌다. 1학년 때까지만 해도 중학교 때 실력으로 버티며 어느 정도의 성적은 유지했지만, 2학년이 되면서 상황은 급격히 나빠졌다. 나는 여학생들을 만나러 빵집에서 시간을 보내며 공부와는 거리가 먼 생활을 하기 시작했다. 그 시절 자주 어울리던 친구 중에는 정동수, 이근식, 김만철이 있었는데, 특히 정동수는 집에서 큰 인쇄소를 운영해서 우리 모임의 '돈줄' 역할을 했다.

우리는 그의 종로 3가 집에 자주 모였고, 시험 기간에도 공부보다는 그곳에서 노는 데 열중했다. 결국 성적은 바닥을 쳤고 학교에서는 나를 불량학생으로 낙인 찍었다. 심지어 정학까지 논할 정도로 상황이 심각해지던 중, 2학년 말 우열반을 나누는 시험을 앞두고 나는 큰 충격을 받았다.

어릴 때부터 천재 소리를 듣던 내가 성적이 낮은 열반으로 배정된다면 자존심이 허락하지 않을 것 같았다. 이런 상황을 도저히 받아들일 수 없고 이대로는 안 된다 싶었다. 하지만 우반에 들어가려면 평균 70점 이상이 되어야 하니 나는 어떻게든 성적을 올려야 했다. 나는 비장한 결심을 하고 가장 먼저 그동안 어울려 다니던 친구들에게 통보했다.

"대학교 갈 때까지 만나지 말자."

그 후로 나는 다시 죽기 살기로 공부에 매달렸다. 학교에 다녀오면 무조건 밥상 앞에 앉아 책을 펼쳤고, 졸음이 오면 잠시 벽에 기대 눈을 붙였다 찬물로 세수한 후 다시 공부에 집중했다. 화장실과 집안 곳곳에 영어 단어와 수학 공식을 붙여두고 오가며 암기하고 잠시도 시간을 허투로 보내지 않았다. 그 결과 2학년 말 평균 점수가 72점으로 올라, 반을 나눌 때 턱걸이로 우반인 3반에 들어갈 수 있었다. 3학년이 되자 본격적인 입시 준비가 시작되었다. 당시에는 10번의 모의고사 성적으로 원하는 대학에 지원할 수 있었기에, 고3의 생활은 그야말로 잠 못 이루는 치열한 시간이 됐다.

그즈음 가정 형편은 더 어려워져 집안 빚이 늘어나 살던 집을 팔고 공덕동으로 이사했고, 아버지의 마작 문제로 다시 빚이 생기며 그 집마저 팔고 금호동으로 이사 했다. 아버지는 부인했지만 우리 모두 그가 도박을 하는 것을 알고 있었다. 아버지는 집에 잘 들어오지 않았고, 오랜만에 오실 때면 몰골이 말이 아니었다.

어느 날, 가족 중 누군가 아버지에게 물었다.

"왜 우리가 이렇게까지 어려워졌어요?"

그때 아버지께서 한마디 하셨다.

"너도 자식 여러 명 키워봐라."

그 말은 틀리지 않았다. 그 많은 자식들을 먹이고, 입히고, 공부시키며 살아온 아버지셨다.

우리 집은 금호동 중에도 아주 외딴곳에 있었기에 효자동에 있는 학교까지 통학하기가 쉽지 않았다. 그때 친구 이상춘의 도움으로 그의 집의 빈 2층 방에서 함께 생활하며, 대학 입시 6개월 전까지 그곳에서 학교에 다녔다. 생각할수록 고마운 우정으로 그가 없었다면 나는 참으로 어려운 고생길을 헤매었을 것이다. 나는 그렇게 다시 공부에 몰두하면서도 여전히 교회는 빠지지 않고 출석했다. 여학생들과 어울리며 교회에 열심히 다니는 동안 나는 어렴풋이나마 하나님의 존재를 조금씩 더 깊이 깨닫기 시작했다.

당시 우리 학교 학생 수는 문과 320명, 이과 320명으로 총 640명으로 나는 문과에서 30~40등을 유지하며 상위권을 유지했다. 1년 전 방황하던 시절을 떠올리면 '개과천선(改過遷善)'이라는 말이 딱 들어 맞았다.

고등학교에 합격한 그날의 기쁨은 롤러코스터가 정상에 올랐을 때의 환희와 같았다. 세상 모든 행복을 손에 쥔 듯한 기분이었다. 그러나 그 기쁨이 영원할 수는 없어서 나는 다시 내리막을 경험했고, 방황과 실패를 겪으며 새로운 오르막을 오를 기회를 만들었다. 내게 있어서 인생은 예측할 수 없는 오르막과 내리막, 급격한 전환과 평탄한 구간들이 반복되는 과정이었다. 이 변화들은 때로는 도전이자 기회였다.

나는 기쁨과 슬픔, 희열과 좌절 속에 역경을 극복하며, 실패와 실수는 나를 넘어뜨리기 위한 것이 아니라 나를 더 강하게 만들기 위한 것이었다는 것을 깨닫는다. 나는 그 후에도 여러 번 롤러코스터를 탔다.

조카 광자

중학교 2학년 때였다. 어느 날 아버지께서 가족들을 조용히 불러 모으시더니 무거운 목소리로 말씀하셨다.

"광자는 정씨 집안 아이니 우리가 데려다 길러야 하지 않겠니?"

그 한마디 속에는 아버지의 깊은 책임감과 가족을 향한 헌신이 묻어 있었다. 아버지는 언제나 단호한 목소리로 말씀하셨지만, 그 속에는 가족을 위한 깊은 사랑과 결단이 담겨 있었다. 그날도 예외는 아니었다. 아버지의 말씀이 떨어진 순간, 우리는 광자가 곧 우리 가족이 될 것임을 직감했다.

광자는 내 조카로, 나의 둘째 형님의 딸이었다. 형님이 세상을 떠난 후, 형수님은 재혼을 하셨고 광자는 외할머니 손에서 자라며 초등학교를 마쳤다. 그러나 형편이 여의치 않아 학업을 이어가지 못한 채 시골에 머물고 있었다. 아버지는 항상 가족, 특히 손자손녀들의 안부를 걱정하셨다. 아들이 떠난 후 아버지는 아들에게 해주지 못한 것을 그의 딸인 광자에게 해주고 싶으셨던 것 같다. 그래서 시골에 있던 광자를 우리 집으로 데려와 중학교에 입학시키고, 학업을 계속할 수 있도록 돕기로 하셨다.

1938년생인 광자는 나보다 한 살 위였지만, 학업을 쉬었던 탓에 내가 중학교 2학년일 때 명성여자중학교 1학년으로 입학했다. 아버지는 광자의 입학을 위해 적잖은 노력을 기울이셨다. 정식 입학이 어려운 상황이었기에, 당시 학교의 재정적 지원을 위해 보편적으로 활용되던 보결 입학이라는 방법을 찾아내셨다. 광자가 명성여자중학교에 입학하던 날, 아버지는 평소보다 더 조용하고 깊은 표정을 지으셨다. 그 표정 속에는 형님의 빈자리를 대신하여 광자를 돌보게 된 자신의 결단에 대한 책임감과 묵직한 감정이 담겨 있었을 것이다.

아버지께서 무슨 일을 결정하실 때는, 가족과 자신의 뿌리에 대한 책임감을 깊이 새기고 계신다는 느낌을 받았다. 형님이 세상을 떠난 뒤 남겨진 아이가, 제대로 교육받지 못한 채 성장하는 상황을 결코 외면할 수 없으셨을 것이다. 그런 아버지의 태도는 평소의 엄격함과는 또 다른 모습으로, 겉으론 감정을 드러내지 않으셨지만 누구보다 가족을 생각하는 분이라는 것을 알 수 있었다.

광자가 우리 집에 온 이후, 나는 그녀와 함께 새로운 일상을 맞이하게 되었다. 집안의 막내였던 나는 처음으로 나보다 어린 듯한, 보호와 보살핌이 필요한 누군가를 곁에 두고 살아가게 된 것이다. 광자는 처음에는 우리 집에 적응하는 데 어려움을 겪었다. 낯선 환경, 새로운 학교, 그리고 서울에서의 생활은 그녀에게 많은 도전을 안겼다. 그러나 그녀는 조용하고 차분한 성격으로 상황을 잘 파악하며 현명하게 행동하였다.

광자가 우리와 함께하자 아버지는 그녀의 불안한 마음을 달래려는 듯, 직접적인 위로나 격려의 말보다는 든든한 시선과 친절로 배려하며 광자의 마음을 안정시켜 주셨다. 낯선 집에서 새롭게 출발해야 하는 광자를 생각하면, 아버지도 걱정이 크셨을 것이나 그 도움은 언제나 뒤에서 조용히 이루어졌다. 직접적인 애정 표현은 없었지만, 그녀의 교복을 준비하고 학용품을 챙기며 교사들에게 광자의 사정을 설명하는 일까지 모두 도맡아 하셨다.

입학 후 몇 달이 지나자, 낯선 환경 속에서도 조용하고 차분하게 광자는 점차 학교생활에 적응해 갔다. 나는 그런 광자를 보며 언제나 무뚝뚝하고 멀게만 느껴졌던 아버지의 결단이, 한 사람에게 얼마나 큰 영향을 미치는지 알 것 같아 존경스러웠다.

광자와 함께한 시간은 아버지로부터 가족이란 혈연 이상인 것을 배우며 많은 깨달음을 얻은 시간이었다. 광자는 고등학교를 졸업 후 우리 집에 머물렀다. 당시 여자가 대학을 진학하기는 쉽지 않았고, 집안 사정 역시 그녀의 학업을 더 이상 지원하기 어려운 상황이었다. 하지만 나는 왜 그랬는지 광자에게 진지하게 약속했다.

"내가 대학에 들어가면 가정교사로 일해서 너를 꼭 대학에 보내 줄게."

그 약속을 지키기 위해 나는 대학에서 열심히 가정교사로 일하며 번 돈을 모아 광자 등록금을 마련했다. 결국 그녀는 경기대학교 2년제 과정에 입학할 수 있었고, 광자가 졸업식장에서 환하게 웃는 모습을 보았을 때 나는 약속을 지킬 수 있어서 큰 보람을 느끼며 뿌듯했다.

훗날 광자는 미스터 문과 결혼해 세 명의 아들을 두었고, 아들들 모두 성공해 행복하게 살고 있다. 광자는 할아버지의 사랑과 헌신 속에 새로운 기회를 얻었고, 나는 그 과정을 함께하며 아버지의 깊이를 조금이나마 이해할 수 있었다.

아련한 첫사랑의 추억

고등학교 시절은 누구에게나 잊지 못할 추억을 남기는 법, 나에게도 그 시절은 특별했다. 내가 고등학생이 된 후 광자도 고등학교에 진학해 광자 친구들은 종종 우리 집에 놀러 오곤 했다. 그들은 이상하게도 나에게 유난히 관심을 보여, 내가 좋아하는 오징어 튀김이나 다양한 간식을 준비해서 나를 챙겨주었다. 덕분에 나는 그 즈음 '지선의 전성시대'를 누리는 듯한 기분이 들곤 했다.

그들 중에도 유독 한 친구가 눈에 들어왔다. 또래들 사이에도 눈에 띄는 예쁜 외모와 밝은 성격을 가진 그녀에게 나는 자연스럽게 마음이 끌렸다. 그러나 그녀를 볼 때면 가슴부터 뛰고 얼굴이 붉어져 행동은 어색해지고, 말까지 더듬거려 정작 마음은 표현조차 하지 못했다.

나의 첫사랑, 그녀를 떠올릴 때마다 가슴은 벅차 올랐다. 그러나 두근거리고 설레는 감정을 들키지 않으려 애쓰는 나 자신이 한편 우습기도 했다. 그녀와 가까워지고 싶은 마음과는 달리 나는 아무 말도 못한 채 졸업을 했으나, 그 감정은 쉽게 사라지지 않았다.

대학 3학년 때 군 복무 중 휴가를 나와 길을 걷다 우연히 영화 포스터를 보게 되었다. 그 순간 나는 가슴이 철렁 내려앉았다. 포스터 속 여자 주인공이 바로 내가 좋아했던 그녀였다. '이제 완전히 다른 길을 가는구나.' 그녀가 이름까지 바꾸고 배우가 된 것은 내게 큰 충격이 됐고 나를 낙담시켰다.

몇 달 후 연말 휴가를 받아 서울 청진동의 해장국집에 들렀을 때였다. 밤새 영화 촬영을 마쳤는지 감독과 배우, 스탭 같은 사람들 한 무리가 식사하러 들어왔는데, 나는 그들 사이에서도 그녀를 한눈에 알아보았다. 그러나 나는 모른 척하며 자리를 떴다. 그렇게 내 첫사랑은 시작도 마무리도 없이 조용히 끝났다.

훗날 광자와 만났을 때 나는 용기를 내어 그녀 소식을 물었고, 광자는 나를 위해 그녀와의 만남을 주선해 주었다. 그녀는 더 이상 배우로 활동하지 않고, 결혼도 하지 않은 채 혼자 살고 있다고 했다. 그 소식은 어쩐지 내 마음에 알 수 없는 미안함을 남겼다.

그렇게 다시 만난 날, 우리는 조용히 저녁 식사를 함께하며 그간의 이야기를 나누었다. 그녀는 여전히 밝고 다정했지만 세월은 누구도 비껴가지 않아 어쩔 수 없었다. 한때 가슴 뛰게 했던 설렘과 떨림은 차분한 회상이 되어, 우리는 담담히 서로의 지나온 삶을 이야기했다. 저녁 식사 후 우리는 작별 인사를 나누었다. 첫사랑의 마지막 장을 덮는 순간이었다.

순수하고 강렬한 감정의 첫사랑은 그 존재만으로 특별하고, 시간이 지나도 쉽게 잊히지 않는다. 내게 그녀는 그런 사람, 비록 이루어지지는 않았지만 그녀는 내 인생의 한 페이지를 아름답게 채워준 사람이었다. 그녀를 떠올릴 때면 허전하면서도 따뜻한 미소가 지어지는 것은, 아마도 그것이 첫사랑의 흔적일 것이다.

젊음, 자유 그리고 낭만

고등학교 3학년 말, 드디어 대학 입학 원서를 제출할 시간이 다가왔다. 당시 '우반'이라 불리며 상위 성적권 학생들로 구성된 우리 반의 목표는 단 하나, 오로지 서울대학교 진학이었다. 우리는 마치 서울대를 향해 달리는 경주마처럼 목표를 향해 돌진하고 있었다.

서울대학교라 해도 일부 학과는 지원자가 적어 원서만 내면 합격할 수 있었지만, 특정 학과는 경쟁이 치열했다. 내가 지원하고 싶었던 상대나 법대, 공대는 특히 경쟁률이 높았다. 연세대학교는 특차 모집이 있었지만, 서울대와 고려대는 직접 시험을 치러야 했다. 서울대에 갈 자신감이 부족했던 나는 담임선생님께 연세대로 가겠다고 했다. 하지만 선생님은 고등학교 2학년 때 성적이 좋지 않다는 이유로 연세대 특차 원서를 써줄 수 없다고 하셨다. 그때 나는 학년에서 10등 정도로 모의고사 성적은 꾸준히 상승하고 있었다. 그래서 서울대에 도전해보고 싶기도 했는데, 선생님도 내 성적을 검토한 후 한 번 도전해보라고 용기를 주셨다.

당시 서울대 상대 경쟁률은 상당히 높아서, 경제학과 150명, 상학과 150명, 무역학과 20명으로 총 320명을 모집하는데 지원자가 약 2,500명에 달해 경쟁률은 8.3대 1정도였다. 서울대에 진학하려면 경기고, 서울고, 경복고 같은 명문고에서 전체 50등 안에 들어야 했고, 지방 학교에서는 1~2등을 해야만 지원할 수 있었다. 내가 원하는 경제학과에 합격하더라도 점수가 낮으면 다른 과로 밀려날 수 있었다.

[안재훈, 저자, 나를 교회로 인도한 맨 오른쪽의 임덕기]

시험 준비는 쉽지 않았지만 나는 그때 교회에 열심히 다니고 있었기에, 지치고 힘든 순간마다 나는 주님께 도움을 간구하며 기도했다. 시험 치기 전날 밤도 나는 두려움을 이겨내기 위해 이불을 뒤집어 쓰고 간절히 기도했다. 그러나 중학교 입시에 한 번 실패했던 경험이 있는 나는 최선을 다하면서도 때때로 불안감에 휩싸이곤 했다.

시험을 잘 마치고 드디어 합격 소식을 들었을 때, 나는 곧바로 교복부터 사러 갔다. 서울대 교복은 검은색 바탕에 금색 로고가 새겨져 있고, 독특한 베레모까지 포함된 복장이었다. 이 교복을 입으면 서울대생임을 알아보았기에, 나는 길을 걸을 때 사람들 시선에 자부심을 느꼈고 특히 버스 안 여학생들의 관심엔 어깨가 절로 으쓱해졌다.

대학 생활은 정말 즐거웠다.

1960년대 대학 시절은 경제적으로 어려운 시기였지만, 그 속에서만 느낄 수 있는 낭만과 자유는 있어서 종암동 캠퍼스는 내게 완전한 새로운 세상이었다. 강의는 주로 120분이었지만 교수님이 늦게 들어오시기

도 하고 수업이 일찍 끝나기도 해서 여유 시간이 많았다. 그럴 때면 친구들과 다방의 아늑한 분위기 속에 따뜻한 커피 한 잔의 향기와 흘러나오는 음악에 취해 이야기를 나누며, 세상 모든 걱정을 잊고 깊은 여운 속에 자유로운 청춘을 만끽했다. 도심 속 또 다른 세계 같던 캠퍼스 잔디밭에 앉아, 기타 치고 노래 하는 친구들 틈에서 노을이 질 때까지 즐기곤 했다. 나는 교수님들과도 가까이 지내며 그 시간을 만끽하며 1학년 때는 그럭저럭 학점을 따며 2학년으로 올라갔다. 그러나 2학년이 되자 나는 학생운동 하는 친구들과 어울리며 공부보다는 운동에 더 몰두하게 되었다. 당시 한국은 전쟁 이후 경제 재건이 한창이던 시절이라 경제학과는 졸업만 하면 취업이 보장되고, 당시 기업들은 인재를 데려가기 위해 경쟁하는 분위기였다. 특히 은행이나 대기업에서는 우리 과 졸업생 채용에 열을 올렸다. 은행 취업은 경쟁이 있었지만 나는 은행보다는 무역회사에 관심이 있었기에 취업에 대한 걱정은 전혀 없었다. 안정된 직장이 보장된 탓인지 우리 과 학생들은 여학생들 사이에서 인기가 많아 미팅을 자주 했다. 나는 농담을 잘하는 편이라 여학생들의 관심을 받곤 했다. 나에게 대학 시절은 학문 연마보다는, 젊음과 열정, 자유와 낭만이 어우러진 별로 큰 걱정 없던 행복한 시간이었다.

반세기 넘어 지킨 성가대

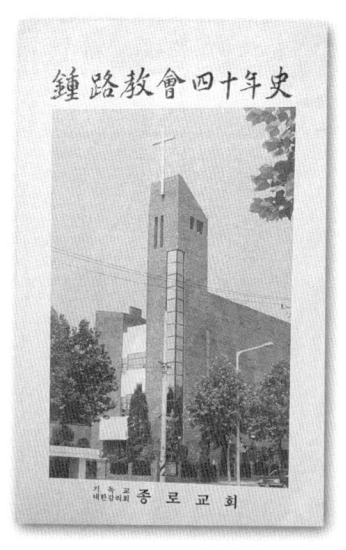

1958년 12월 25일, 교회에서 맞이한 첫 성탄절 산상기도회는 내 신앙 여정에서 중요한 이정표가 되었다. 그날의 기도회는 나뿐 아니라 함께했던 청년들에게도 신앙의 열정을 새롭게 하는 계기가 되어, 이후 청년회 활동은 신앙의 깊이를 더해갔다. 내가 다니던 종로교회는 종로 관철동의 한 건물 2층에 위치해 있었는데, 주변 환경이 좋지 않아 나중에는 새 건물 4층으로 이전했다.

1963년 11월 교회 청년회 임시총회에서 나는 친교부장으로 선출되었다. 2대 김창희 목사님이 시무하고 계실 때로, 그는 미국 콜롬비아 대학 명예신학박사 학위를 받으신 분으로 모든 면에서 청년들에게 귀감이 되셨다. 그의 가르침과 삶의 모습은 나에게 신앙의 본이 되었고, 덕분에 청년회는 한층 더 깊이 있게 신앙심을 키울 수 있었다.

대학 입학 후 성가대를 시작하면서 나는 찬양으로 하나님께 드리는 예배가 너무 좋았다. 그때 나는 내 신앙생활의 두 기둥과도 같은 청년회와 성가대 활동에 열심을 다했다. 비록 음악적 재능은 많지 않지만, 하나님의 은혜에 보답하기 위해 내게 주어진 재능과 시간을 바치는 것이 내가 할 수 있는 가장 순수한 헌신이라 믿었다. 맨 처음 성가대에 참여한 계기는 여학생들이 많았기 때문이었지만, 시간이 흐를수록 성가대는 내 신앙생활의 중심이 되었다. 성가대는 나 혼자만의 사역이 아니어서, 함께 하는 성가대원들과의 끈끈한 유대감도 나를 성가대에 머물게 했다. 함께 찬양하고 서로를 위해 기도하며, 주님 안에 하나 된 마음으로 노래할 때마다 나는 이 공동체에 하나님께서 주시는 설명할 수 없는 기쁨과 평안을 느꼈다. 찬양 속 구절구절은 힘든 순간마다 내 영혼의 안식처가 되어, 기쁨 속에 하나님을 만나는 내 삶의 행복한 고백이 되곤 한다.

샌프란시스코 매스터 코랄 합창단에서 25년 이상 자리를 지키고 있는 것도, 성가대에서 시작된 하나님의 섭리요 은혜. 85세가 된 지금까지 60년 이상 이어지는 평생 사역이 된 성가대에서의 찬양은 내 믿음을 더욱 견고하게 해주었다. 나에게 세상과 맞설 힘을 주고 나를 지탱하는 정신적, 영적 기둥으로 주님의 손길을 느끼는 진정한 통로였다. 나는 여력이 닿는 한 성가대에서 찬양을 이어갈 것이다. 찬양은 나이 든 내가 하나님께 보여드릴 수 있는 귀한 화답이며 내 삶의 가장 큰 기쁨이기 때문이다.

[대학 시절 종로교회 성가대원들과]

체벌로 이어진 군 복무

　대학교 3학년이 되면서, 놀 만큼 놀았으니 이제는 공부에 집중해야겠다고 마음을 먹었다. 그러나 그 결심이 무색하게도 4.19 혁명이 일어났다. 당시 나는 학생운동을 하고 있었기에 선봉에 서서 학생들을 이끌었고, 데모를 주도하며 혁명의 소용돌이 한가운데 있었다. 그 시절 대한민국에서 정상적인 사회생활을 하려면 군 복무는 거의 필수였다. 대학생들 사이에서는 군 입대를 '학보'라고 불렀는데, 나 역시 대학 3학년 때 자원 입대를 결심했다.

　당시 신병의 복무 기간은 일반적으로 36개월이었지만, 대학 재학생 신분으로 입대한 경우 18개월만 복무하면 되는 특혜가 주어졌다. 연세대학교에 다니던 안재호, 김창렬 두 친구와 함께 입대를 결정했고, 우리는 모두 30연대로 배속되어 군 생활을 시작했다. 논산 훈련소에서 전반기 훈련을 받으며 총기 사용, 행군, 전술 훈련 등 기본적인 군사훈련을 익혔다. 모든 것이 낯설고 힘들었지만, 동기들과 함께 견디며 차츰 적응해갔다. 이후 박격포와 같은 중화기를 다루는 후반기 훈련을 수료한 후, 나는 춘천 3보충대로 배치되었다. 전방으로 이동하는 길은 설렘 반, 두려움 반이었다. 앞으로 펼쳐질 군 복무 기간 동안 어떤 일이 기다리고 있을지 전혀 알 수 없었기 때문이다.

　3보충대 중 서울에서 가장 가까운 사단이 홍천에 있는 27사단이었기에, 서울 출신 훈련병들은 대부분 그곳에서 복무하기를 원했다. 당시에는 공공연한 관행이었는데, 친구들은 돈을 모아 나를 포함한 약 15명의 서울 학생들이 비교적 안전한 27사단 79연대로 발령을 받을 수 있도록 했다.

군 입대 후, 학보로 입대한 병사들은 일반적으로 말단 소대에 배속되는 것이 원칙이었다. 그러나 당시 행정요원이 부족했던 탓에 나는 운 좋게 연대 사병계 업무를 맡게 되었다. 이후 1사단과 교대되면서 DMZ 근처 소총소대에서 복무하던 중, 홍천 1사단과 27사단 전체 교대가 이루어졌다. 그곳에서 나는 중대와 연대 사무를 보는 군인들과 함께 근무하며 계급 간의 불균형과 학력, 출신지에 따른 차별을 피부로 느끼게 되었다.

당시 전방 사단에 배치된 고참병들은 대부분 시골 출신으로, 국민학교를 겨우 졸업한 경우가 많았다. 반면 나처럼 서울에서 대학을 다니다 입대한 병사들은 상대적으로 '특권층'으로 보였고, 그로 인해 심한 질투와 적개심의 대상이 되었다. 그들의 적대감은 일상적인 괴롭힘과 폭력으로 이어졌다. 한겨울 영하 20도의 혹독한 날씨 속에서 내복만 입고 기합을 받는 일이 다반사였으며, 심지어 자정이 넘은 시각 술에 취한 상급자들이 병사들을 깨워 단체 기합을 주는 일도 비일비재했다.

신체적인 고통은 물론이고, 이런 폭력과 부당한 대우는 병사들의 사기를 심각하게 떨어뜨렸다. 그중에서도 가장 힘들었던 것은 만성적인 수면 부족이었다. 피로가 누적된 상태에서 반복되는 훈련과 강도 높은 일과를 소화해야 했고, 예상치 못한 기합까지 이어지면서 정신적, 신체적으로 큰 스트레스를 받았다.

상급자들은 자신의 권위를 유지하고 강화하기 위해 병사들을 상대로 폭력을 행사했으며, 그것이 군대 문화의 일부처럼 굳어져 있었다. 그러나 학보로 입대한 우리들에게는 18개월이라는 비교적 짧은 복무 기간이 하나의 위안이 되었다. 결국 나는 이를 악물고 버티며 18개월 간의 군 복무를 마치고 제대할 수 있었다. 짧지만 몹시도 길게 느껴졌던 군 생활을 통해 나는 조직 내에서 신뢰와 공정성이 얼마나 중요한지를 깨달았다. 또한, 어려운 상황 속에서도 협력하는 법을 배우며, 고난 속에서도 인내와 끈기를 키울 수 있었다. 군대 내 폭력과 부조리는 반드시 근절되어야 한다는 생각도 가지게 되었다.

비록 그 시절의 기억은 힘들고 고통스러운 부분이 많았지만, 돌아보면 군 복무 시절은 나를 성숙하게 만든 중요한 전환점이었다. 아마도 남자들이 군대 이야기를 하면 끝이 없는 이유도 바로 이러한 경험들 때문일 것이다. 성인이 되어가는 시기, 20대 초반은 누구에게나 자신이 어떤 사람인지 어떤 삶을 살아가고 싶은지를 고민하는 시기다.

군대는 일상에서는 경험할 수 없는 극한의 상황 속에서 신체적 정신적으로 많은 도전을 안겨주었다. 그리고 그때 함께 한 동료애, 울고 웃던 에피소드로 하나 되었던 유대감 등은, 군대에서 힘들었던 생각보다 특별한 추억과 함께 묘한 향수를 불러일으키곤 한다.

졸업, 끝이 아닌 또 다른 출발

대학 졸업은 학업의 끝만을 의미하지는 않는다. 그것은 청년 시절의 한 장을 마무리하고 또 다른 시작을 향해 나아가는 중요한 전환점이다. 그러나 나의 대학 졸업까지의 여정은 결코 순탄하지 않았다. 군 복무로 인해 학업이 한 차례 중단되었고, 복학 후에는 학업에 적응하는 데 어려움을 겪었다. 하지만 결국 나는 그 여정을 완주할 수 있었다.

군에서 제대한 후, 학기가 이미 진행 중이어서 복학까지 약 6개월의 시간이 남아 있었다. 그 시간을 허투루 보내고 싶지 않아 취직을 알아보던 중, 삼중당이라는 출판사에서 아르바이트 학생을 구한다는 소식을 들었다. 출판사에서는 이광수 전집을 편집할 편집위원이 부족했고, 나는 그 일을 맡게 되었다. 내 일은 매일 도서관에 출근해 일제강점기 신문을 뒤지며 '이광수'라는 이름이 언급된 기사와 자료를 찾아 회사에 제출하는 것이었다. 그렇게 수집된 자료를 바탕으로 출판사에서는 철자법 교정과 편집 작업을 진행했다. 또한, 밤에는 출판사 사장의 고등학생 아들을 가르치며 용돈을 벌었다. 낮에는 도서관에서 신문을 뒤지고 밤에는 학생을 가르치는 생활이 반복되었지만, 그 시간은 내게 특별한 의미가 있었다. 군 복무로 인해 중단되었던 삶의 리듬을 다시 찾고 책임감과 성취감을 느낄 수 있었기 때문이다. 그렇게 시간을 보내다 3학년 2학기가 시작되었고, 나는 등록을 마치고 복학했다.

학교로 돌아왔지만 군대에서 오랜 시간 공부와 동떨어진 생활을 했던 탓에, 복학 후 새롭게 변화한 환경과 학업에 적응하는 것은 쉽지 않았다. 강의실에 앉아 있으면 집중하기 어려웠고, 교수님의 설명은 너무 빠르게 지나가 이해하기가 쉽지 않았다. 마치 나만 뒤처진 것 같은 기분이 들 때도 있었다. 군대를 다녀오지 않은 친구들은 이미 앞서 가고 있었고, 나는 그 친구들에게 노트를 빌려 공부를 따라가야 했다. 그러나 노트를 펼쳐 보면 빼곡히 적힌 필기가 낯설게 느껴지고 지치게 하며, 불안초조로 마음이 무거웠다. 하지만 포기하지 않고 익숙하기까지 인내로 스스로를 다잡자, 다행히 서서히 따라갈 수 있게 되었다.

그 무렵, 미국에 있던 형으로부터 편지가 왔다. 형은 자신이 외롭다며, 대학을 졸업하면 미국으로 오라고 했다. 원래라면 1962년에 졸업했어야 했지만, 1년 반의 군 복무와 복학까지의 시간이 더해지면서 나는 1964년 2월 26일에 졸업하게 되었다.

그날, 문리대 교정에서 박정희 대통령이 참석한 가운데 2,600명의 학생이 졸업식을 치렀다. 졸업식은 청년 시절의 끝과 새로운 시작을 알리는 중요한 순간이었다. 강의실에서 배운 학문적 성취뿐 아니라, 수년간의 수많은 만남과 도전의 경험들이 나를 한층 성숙시켜 주었다. 이제 더 이상 학생 신분에 머무르지 않고, 배운 것을 바탕으로 사회에 기여할 준비를 해야 했다.

하지만 졸업식 날, 생각만 해도 얼굴 뜨거워지는 일이 있었다. "왜 나 같은 사람이 졸업할 수 있느냐?"며 마음속에 쌓였던 말들을 객기로 내뱉으며 소란을 피우고 말았다. 돌아보면, 학교생활을 성실하게 하지 못했던 나 자신에 대한 자책감이 술기운과 함께 터져 나온 것이었다. 심지어 졸업 논문조차 대충 제출했기에, 나는 진심으로 졸업 자격이 있는가에 대해 스스로 의문을 품고 있었다. 그 소동 뒤에는 곧 미국으로 떠날지도 모른다는 회피와 불안이 깊은 혼란 속으로 나를 몰아넣었다. 설렘과 불안, 기쁨과 미완의 아쉬움이 뒤섞인 그 마음이 졸업식 날의 내 행동으로 그대로 드러났던 것 같다. 새로운 여정의 도전과 책임을 마주하며, 앞으로 다가올 변화 속에서도 나 자신을 믿고 길을 헤쳐 나가야 한다는 부담이 있었는지도 모른다.

비록 졸업식 날의 소동은 내게 부끄러운 기억으로 남았지만, 그날의 혼란스러운 감정들은 청년 시절의 모든 과정이 나를 단단하게 만들어 주었음을 상징적으로 보여주는 사건이었다. 그렇게 나는 대학 시절의 마지막 페이지를 넘기고, 삶의 새로운 장을 열 준비를 마쳤다.

제 3부

청춘의 황금기를 지나며

사회로 내딛은 첫걸음
가는 인연, 오는 인연
스웨터로 맺은 운명의 실타래
호기롭게 파도 타던 날들
현실과 사랑 사이
재벌 2세 같던 삶
별이 된 첫 아이

🕊 사회로 내딛은 첫걸음

젊음의 열정과 초조함, 설렘과 방황이 뒤섞인 가운데 나는 사회생활의 첫걸음을 내디뎠다. 당시 박정희 대통령은 5.16 군사정변 이후 한국 경제의 목표를 수출 중심으로 설정해, 한국 경제사는 중대한 전환점을 맞게 되었다. 중소기업 중심의 경제 구조가 대기업 육성으로 국가적 과제가 되었고, 이에 따라 정부는 국제그룹과 대우 같은 대기업을 적극적으로 지원했다. 이 과정에서 우수한 인재에 대한 수요 또한 폭발적으로 증가했다.

1958년 서울대학교 상대에 입학한 학생들은 이러한 경제적 변화의 중심에서, 사회 전반적으로 인재가 부족했던 시기라 자연스럽게 기업들의 주목을 받았다. 그들은 우리를 스카우트하기 위해 치열한 경쟁을 벌였고, 덕분에 졸업을 앞둔 우리는 좋은 조건의 일자리가 보장된 분위기 속에 다양한 취업선택의 우위에 설 수 있었다.

나는 여러 제안 중 대한방직을 선택했다. 당시 대한방직은 설립자 아들인 설원식 사장이 운영하는 기회와 가능성이 유망한 기업으로, 나는 1년 선배인 도민섭 동문의 추천으로 좋은 조건에 입사하게 되었다. 나는 앞으로 열릴 기회와 가능성에 대한 기대감에 가득 찬 채 첫 직장 생활을 시작했다.

대한방직에서의 첫 업무는 현장 실습이었다. 수원과 대구에 위치한 공장에서 각각 한 달과 두 달씩 머물며 공장 운영과 생산 과정을 익히는 일이었다. 수원 공장에서 처음 접한 기계 소리와 공장 특유의 활기 넘치는 분위기는, 교실과 강의실에서만 시간을 보내던 나에게는 완전히 새로운 경험이었다. 기계가 돌아가는 소리, 직원들이 손 맞추어 작업하는 모습, 그리고 제품들이 빠르게 생산되는 과정은 매우 인상 깊었다. 수동적이고 반복적인 작업을 하며 나는 생산 라인의 효율성을 높이기 위한 방법과 공정 관리의 중요성을 배웠다.

[경복 고등학교 졸업 후 서울대 상대에 들어간 경상회 2회 동창들]

이후 대구 공장으로 이동하면서는 직원들과 더 깊이 어우러지며 현장 업무를 직접 경험했다. 생산 라인에서 직접 일을 돕기도 했고, 직원들의 업무를 보조하며 현장에서 발생하는 다양한 문제들을 해결하는 경험을 쌓았다. 공장 내에서의 긴장감과 빠르게 돌아가는 일정을 몸소 체험하며, 업무에 대한 책임감과 협력의 중요성을 깨달았다. 또한, 노동 현장에서 느껴지는 근로자들의 고충과 열정은 내게 많은 생각을 하게 만들었다. 현장 경험은 사람들과의 관계를 통해 조직 내에서의 역할을 더욱 잘 이해하게 해주었다.

대구 공장은 직원들 학력에 따라 역할이 나뉘어 있었다. 상업고등학교 출신 직원들은 파란색 가운을 입고 현장 업무를 담당했고, 상대 출신 직원들은 흰색 가운을 입고 관리 업무를 맡았다. 실험실에서 여성 직원들은 대부분 대학 졸업자들로 상대 출신 남성들에게 관심을 보이는 경우가 많았다. 나 역시 이 기회를 놓치지 않고, 실험실에서 가장 예쁘다고 소문난 한 여성과 두 달 동안 데이트를 했다.

그녀와의 데이트는 단조로운 공장 생활에 설렘을 더해, 우리는 함께 시간을 보내며 풋풋한 감정을 나누었다. 그러나 겨울이 되면서 그녀가 서울로 올라와 서울역 근처 호텔에 머문다는 연락을 해왔지만, 나는 바쁜 일과에 정신이 팔려 약속을 잊어버렸다. 이후에도 그녀는 편지와 전화를 통해 연락을 이어가려 했지만, 나는 점점 다른 만남에 더 관심을 두었고 바쁜 일과와 물리적 거리로 인해 우리 관계는 자연스럽게 흐지부지되고 말았다.

지금도 그때 그녀에게 소홀했던 나 자신을 돌아보면, 정말 철없고 무책임하고 미안한 행동이었음을 깨닫는다. 그 경험을 통해 나는 하나의 교훈을 얻었다. 누군가 나에게 섭섭한 일을 했을 때, 그 사람은 그 일이 떠오를 때마다 미안함을 느끼게 된다는 사실이다. 그래서 내게 상처를 주었던 사람도 결국 그 일에 대해 후회하고 미안함을 느낀다는 것을 이해하게 되었고, 이는 나에게 위로가 되기도 했다.

내가 처음 발령받은 부서는 경리부였다.

당시 경리 업무는 모든 계산을 주판으로 처리해야 했고, 이는 내가 상상했던 것보다 훨씬 단조롭고 지루한 일이었다. 하루 종일 주판을 튕기며

숫자와 씨름하는 일이 답답하게 느껴졌다. 대한방직의 사장은 신뢰하는 사람들을 주요 부서에 배치하는 경영 방침을 가지고 있었고, 나는 도민섭 선배의 추천 덕분에 특채로 이 부서에 배치되었다. 그러나 경리부에서의 생활은 내 적성과 맞지 않았다.

나는 앉아서 반복적인 업무를 하기보다는 보다 활동적이고 외부와 소통할 수 있는 업무를 하고 싶었다. 그래서 1년 정도 근무하다 업무과 같은 활동적인 부서에서 일하고 싶다고 선배들에게 부탁했다. 하지만 내 요청이 계속 묵살되자 경리부 업무에 대한 싫증과 답답함이 극에 달했던 나는 반항심으로, 출근부에 도장만 찍고 다방으로 가서 일을 하지 않고 계속 버티는 배짱을 부렸다. 다방에서 시간을 보내다 퇴근 시간이 되면 사무실로 돌아와 퇴근 도장을 찍는 식이었다. 지금 돌아보면 무책임한 행동이었지만, 당시에는 답답한 현실 속에서 나름의 항의를 표현하려 했던 것이다.

결국, 상급자들의 눈에 띄면서 부서를 옮길 기회가 찾아왔다. 비록 내 방식은 잘못되었지만, 나는 업무과로 이동하며 더 활동적이고 역동적인 역할을 맡을 수 있었다. 내 청춘의 한복판에서 펼쳐진 대한방직에서의 첫 직장 생활 경험은 철없어 보이긴 해도, 조직 내 소통과 갈등 해결의 단서와 중요성을 깨닫게 해주었다.

사회에 첫발을 내디딘 첫 직장은 내게 여러 면에서 중요한 배움의 장이 되었다.

가는 인연, 오는 인연

　대한방직의 방계회사 업무과에서 근무하던 시절, 내 인생에 중요한 만남이 찾아왔다. 셋째 누나의 소개로 숙명여대 약학대학을 졸업한 미스 조라는 여성과 만나게 된 것이다. 첫 만남부터 우리는 서로에게 호감을 느꼈다. 내가 회사에 잘 다니고 열한 남매 중 막내여서, 시집살이를 꺼리는 여성들에게 그동안 관심을 받긴 했었다. 교회 성가대에도 여학생들은 있었지만, 그들과는 친구처럼 지낼 뿐 결혼을 진지하게 고민해 본 적은 없었다. 그러나 스물일곱을 넘어 스물여덟이 되자 집에서도 자연스럽게 결혼 이야기가 나왔다. 하지만 나는 마음에 드는 상대를 찾지 못하고 있던 중, 첫인상부터 마음에 드는 그녀를 만났던 것이다.
　나보다 한 살 어린 그녀는 단정하고 귀여운 외모에 집안도 좋았다. 데이트가 이어지고 이야기가 무르익자 우리는 부모님들과 함께 저녁을 먹었고, 식사 후 부모님들이 자리를 뜬 뒤 남산으로 산책을 나갔다. 산책을 하던 중 내가 자연스런 마음으로 그녀 손을 잡으려 하자, 그녀는 깜짝 놀라며 몹시 화가 난 듯 손을 확 뿌리치더니 가버렸다. 지금 돌아보면 얼마든지 가능한 행동이겠으나, 당시 사회 분위기로는 용납되기 어려운 행동이었던 것 같다.
　며칠 후, 그녀 동생이 전화를 걸어와 언니가 다시는 나를 만나고 싶어 하지 않는다고 했다. 아쉬운 마음에 나는 동생에게 "그래도 언니가 만나고 싶다면 다시 만나고 싶다"고 했고, 동생은 그러면 한일은행 옆 뉴욕빵집에서 만나자고 했다.

그날 이후 다시 만나게 된 우리는 데이트를 이어가며 결혼을 전제로 관계를 발전시켜 나갔다. 그녀의 집에서는 나를 사위로 여겨 극진히 대접했고, 우리는 순조롭게 미래를 계획해 나갔다.

그러나 예상치 못한 문제가 발생했다. 결혼한 친구들과 함께 만리포로 여행을 가기로 했고, 나는 그녀에게도 함께 가자고 했다. 하지만 그녀는 집안의 허락을 받지 못해 결국 나는 혼자 여행을 다녀왔고, 이 일이 우리 관계에 균열을 일으켰다. 그녀는 내게 서운한 마음을 표현했지만, 나는 그 감정의 깊이를 충분히 이해하지 못했다. 오히려 그녀 반응에 당황하면서 서로 간의 오해와 감정의 골이 깊어지기 시작했다. 그 일 있은 후 얼마 지나지 않아 셋째 누나가 말했다.

"네 미아이 사진이 돌아왔다."

'미아이 사진'이란 결혼 전 상대 집에 보내는 사진으로, 그 뜻은 그녀 집에서 나를 더 이상 사위로 맞기를 원치 않는다는 의미였다. 정확한 이유는 알 수 없었지만, 아마도 만리포 여행 사건이 결정적인 계기가 되었을 것이다. 결혼을 꿈꾸며 설계했던 미래가 갑작스럽게 무너지면서 나는 큰 상실감과 배신감을 느꼈다.

"내가 무엇을 잘못했을까?"

스스로를 자책하며 우리 관계를 되돌릴 방법이 없을까 하는 미련도 남았다. 하지만 그 시절 나의 자존심은 미련보다 강했다.

"그렇다면 어쩔 수 없지."

결혼이 단순한 사랑만으로 이루어지는 것이 아니라, 신뢰와 배려가 바탕이 되어야 한다는 사실을 절실히 깨닫고 마음을 다잡은 나는 지나간 인연은 떠나 보내기로 했다. 아쉬움과 미안함을 남긴 그녀와의 관계는 사랑에 대해 많은 것을 가르쳐주었다.

사랑은 서로의 감정을 나누는 만큼이나, 상대방의 입장을 배려하는 이해와 서로 다르게 느끼고 생각할 수 있다는 사실을 인정하고 존중하는 것이 얼마나 중요한지를 배웠다. 그리고 상대방의 마음을 읽는 것이 얼마나 필수적인지에 대해서도 많은 생각을 하게 되었다. 그 경험은 추억 속 한 페이지로 남았지만 당시에는 깊은 상처와 쓰린 아픔이 되었다.

그럼에도 삶은 늘 예기치 않은 방식으로 흘러가서, 내가 그 아픔을 극복하려 애쓰던 중 새로운 인연이 찾아왔다. 실패와 상실이 오히려 새로운 시작을 위한 기회가 되어, 스스로를 다독이며 다시 누군가를 만날 수 있게 된 것이다.

스웨터로 맺은 운명의 실타래

 어느 날, 나는 명동에 있는 대한방직 근처를 걷다가 우연히 대학 동기 김진영을 만났다. 그는 상학과 출신으로 얼굴에 주름이 많고 붉은 기운이 돌아 친구들 사이에서 '약대추'라는 별명으로 불리던 친구였다. 그날 그는 통통하고 귀엽게 생긴 한 여성과 함께 걷고 있었다. 반가운 마음에 그를 불러 세웠고 우리는 근처 다방으로 들어갔다.
 다방에서 이야기를 나누던 중, 나는 두 사람이 데이트하는 사이라고 생각해 특유의 장난기가 발동해 농담 반 진담 반으로 말했다.
 "야, 너만 재미있게 데이트하냐? 나도 좀 소개해 줘."
 뜻밖에도 다음 날 김진영이 나에게 연락을 해왔다.

[아내의 대학 졸업]

"너 어제 한 말 진심이냐? 애들 말이 너는 데이트 상대가 많을 것 같다고들 하던데, 어제 본 그 여자는 어때? 사실 그 여자는 나랑 데이트하는 사이가 아니야."
그러면서 아버지는 서울 의대를 졸업한 의사고, 어머니는 이화여전을 나오신 인텔리 집안이라고 했다. 나는 그 말을 듣고 얼떨결에 "그래? 한 번 만나보고 싶어." 라고 답했다.

당시에는 여대생들이 졸업 후 바로 시집가는 일이 일반적이었고, 친구들 사이에서 좋은 집안과 결혼하는 것을 일종의 경쟁처럼 여기던 때였다. 나는 그녀 집안 배경이 너무 좋은 조건이라 내 수준에 맞을까 싶었지만, 친구 권유로 용기를 내보기로 했다. 알고 보니 김진영은 그녀 집 가정교사로 일하며, 그녀의 남동생과 여동생을 가르치고 있었다.

그는 자연스럽게 나를 그녀와 연결해 주었고, 우리는 셋이 함께 만나 즐거운 시간을 보냈다. 그녀는 내 친구를 삼촌이라 불렀는데, 그녀는 집에 돌아가 부모님께 삼촌과 그의 친구를 만났는데 내 유머와 장난기가 재미있었다고 했다고 한다. 그러나 내 외모에 대해서는 "다 괜찮은데 너무 마른 것 같아요."라고 했단다.

훗날 장모님이 된 그녀 어머니는 남편이 과묵하고 너무 무뚝뚝해 결혼 생활이 재미없어, 딸에게는 늘 재미있는 사람이랑 꼭 결혼하라고 당부했다고 한다. 당시 내 몸무게는 130파운드로 상당히 마른 편이었지만, 나는 반대로 통통한 여성을 선호했다. 그래서 나는 미팅을 할 때마다 통통한 여성을 파트너로 원했기에, 친구들과 파트너 문제로 다툰 적이 없었다.

그녀 부모님은 내가 말랐다는 말에 한 번 만나나 보고 판단해보자며 관심을 보였다고 한다.

하루는 미국에 있는 형이 보내준 소포를 중앙우체국에서 막 찾아온 참이었다. 소포를 풀어보니 안에는 하얀 캐시미어 스웨터가 들어 있었다. 마음에 꼭 들어 화장실에서 입어 보고 있는데, 그때 마침 사장님이 나를 찾는다기에 나는 서둘러 스웨터 위에 와이셔츠를 입고 사장님께 갔다.

사장님과 대화를 마치고 자리로 돌아오니 약대추 친구의 전화가 걸려 왔다.

"뭐 하니? 나와서 아이스크림이나 먹자."

우리는 뉴욕 빵집에서 만나 즐겁게 이야기를 나누었다. 나중에 알게 된 사실이지만, 그날 그녀의 부모님은 좀 떨어진 자리에서 나를 지켜보고 계셨다고 한다. 집으로 돌아간 부모님께서 딸에게 이렇게 말씀하셨다고 한다.

"정 군 신체도 좋고 성격도 밝고 명랑하더라."

와이셔츠 안에 스웨터를 입었으니 당연히 몸이 부해 보인 것이다. 그 일은 생각할 때마다 웃음 나는 코믹한 해프닝이었지만, 그녀 부모님께서 나의 밝고 명랑한 성격을 좋게 봐주신 것에는 감사할 따름이다. 그날 이후 나는 자연스럽게 그녀의 집에서 마음에 드는 사윗감으로 인정받았다. 막내이기에 시집살이 걱정 없고, 직장도 안정적이며 학벌도 좋다며 그녀 부모님은 흔쾌히 결혼을 허락했다.

그 시절 1960년대 한국은 전쟁 후 가난에 허덕이고 있었다. 따라서 부유한 미국은 동경의 대상이고 미국 물건은 선망의 대상으로, '미제라면 똥도 좋다.'는 우스갯소리까지 있을 정도였다.

1959년 미국으로 유학 간 형은 대학 시절 입던 옷을 내게 보내주곤 했다. 미국에서 대학생이 입던 옷은 디자인과 색상이 남달라서 내가 입고 다니면 사람들의 시선을 끌었다. 특히 미국 대학 로고가 새겨진 재킷은 젊은이들의 부러운 패션으로, 이를 입고 나가면 자연스레 내 어깨가 으쓱해졌다.

그 시절 남자는 보통 26~27세가 되면 결혼을 하는 것이 일반적이어서, 나 역시 자연스럽게 그 나이에 결혼하게 되었다. 당시에는 외모 못지않게 집안 배경이 중요한 결혼 조건으로, 교수나 의사 집안의 사위가 되는 것은 큰 자랑거리였다. 그녀는 이화여대를 막 졸업한 엘리트였고 부모님 역시 명망 있는 지식인이었기에, 당시 기준으로 내가 그녀와 결혼한 것은 친구들 사이에서도 부러운 대상이 되었다.

명동에서의 우연한 만남과 장난처럼 던진 농담이 평생 반려자를 만나는 계기가 되었고, 두툼한 스웨터 덕분에 신체 건강한 청년으로 인정받았다. 지금 돌이켜보면, 우리의 만남은 단순한 우연이 아니라 운명이었다는 생각이 든다.

🕊 호기롭게 파도 타던 날들

그녀와 만난 지 한 달 후, 나는 대한방직의 방계회사인 삼경물산 업무과로 발령을 받았다. 삼경물산은 수산물을 가공해 수출하는 회사로, 특히 오징어를 가공한 진미 오징어를 일본의 '동식'이라는 회사에 수출하고 있었다. 내게는 1년에 한 번씩 주문진, 삼척, 포항 등 동해안으로 출장을 다니며 오징어를 구매하는 중요한 업무가 주어졌다. 이 일은 구매도 중요하지만 현장 협상과 관계 형성이 중요한 작업이었다.

출장 기간 동안 나는 공판장에서 수산 협동조합 브로커들을 통해 오징어를 구매하는 일을 했다. 공판장에 도착하면, 산처럼 쌓인 오징어를 중개하는 브로커들에게 4%의 커미션을 지급하며 거래를 진행하는 일이었다. 내가 구매하지 않으면 그날 거래는 성사되지 않았기에, 브로커들과 지역 수매자들은 젊은 나를 '영감님'이라고 부르며 특별 대접하였다. 내 비위를 맞추기 위해 최선을 다하며, 술을 사고 심지어 용돈까지

주며 환대를 아끼지 않았다.

이들은 늘 내 기분을 살피느라 신경을 썼고, 그 덕분에 나는 자연스럽게 타성이 생겼다. 만약 대접이 시원치 않으면 나는 가볍게 "오늘 주문진은 오징어 물이 안 좋으니 다른 지역에서 사야겠다." 라고 말하곤 했다. 그것은 선배들에게 배운 노하우로, 객기 어린 나이에 더해 자리가 사람을 그렇게 만들었다. 그러면 그들은 나를 더 왕처럼 모시며 더욱 극진히 대접했는데, 그것이 바로 당시 개발도상국 한국 사회 모습으로 나는 그야말로 바로 그 중심에 있었다.

출장 기간 동안 나는 여관에서 두 달씩 머물며 일했는데, 여관비와 전화비 같은 경비는 모두 그들이 부담했다. 나는 영수증만 제출하면 본사에서 정산을 해주었기에 출장에서 돌아오면 주머니가 두둑해졌다. 출장 중 바닷가에서의 삶은 새로운 경험이라 흥미로웠다. 산처럼 쌓인 오징어를 보며 협상을 벌이고, 신선한 해산물을 먹으며 바닷가 문화를 경험한 것은 색다른 즐거움을 선사했다.

나는 아내가 될 그녀와 몇 번 데이트 후 곧바로 주문진으로 출장을 떠나야 했기에 우리는 편지로 소식을 주고받았다. 출장에서 돌아오면 그동안 벌어놓은 돈으로 그녀를 위한 통 큰 데이트를 준비했다. 멋진 최고급 식당에서 식사를 하고, 좋은 옷을 사주고 카메라도 선물하며 그녀 마음을 사로잡으려 애썼다. 이런 모습을 보고 그녀 가족이 나를 부잣집 아들로 생각한 것은 자연스러운 일이었다.

몇 번의 만남 후, 나는 그녀에게 진지하게 말했다.

"나는 무엇보다도 건강한 여자를 원해요. 형수님들이 너무 약해서 어머니께서 고생하시는 걸 봐왔거든요. 그래서 나는 건강한 여성을 찾고 있었어요."

그녀는 당시 통통했기에 한 말이었는데, 그녀가 웃으며 답했다.

"사실, 어렸을 때 우량아상을 받았어요."

그 대답은 농담처럼 들렸지만, 나중에 알고 보니 그녀 아버지가 그 행사 심사위원장이었기에 우량아상을 받을 수 있었던 것이 아닌가 하는 의심이 들긴 했다. 그러나 그것은 중요한 문제가 아니었다. 그녀의 조용하고 밝으며 긍정적인 모습이 나를 매료시켰고, 그녀와 함께하는 시간이 점점 더 특별하게 느껴졌다.

오징어를 수매하던 어느 날, 브로커 중 한 명이 아주 아주 작은 오징어와 매우 큰 오징어 두 마리를 가져와 보여주었는데 그 크기 차이가 상당했다. 바닷가에서 그런 것들을 본 적이 없던 호기심 많던 나는 이런 바다 생활이 흥미로웠다. 신선한 해산물을 접하며 바닷가에서 일하는 것은 내게 큰 즐거움을 주어 출장 생활은 만족스러웠다.

한 번은 주문진의 한 브로커가 명란젓 두 통을 선물로 주었다. 나는 그 중 한 통을 장인 어른과 장모님께 드렸는데, 마침 장모님이 명란젓을 좋아하셔서 그때 큰 점수를 땄다. 그 일을 계기로 나는 그녀 가족에게 더욱 신뢰받는 사윗감이 되었고, 자연스럽게 결혼으로 이어질 수 있었다.

삼경물산에서 오징어와 함께한 주문진의 시간은, 바다라는 환경에서 익힌 생생한 경험, 현장에서의 협상 기술, 사람들과의 관계 형성, 그리고 순박한 어촌 사람들과의 만남 등 내 삶 속에 따뜻하고 소중한 기억으로 자리 잡았다.

🕊 현실과 사랑 사이

[약혼식을 마치고]

아내가 될 그녀가 처음으로 우리 집에 인사를 드리러 오는 날이 점점 다가오고 있었다. 나는 사회에서 인정받는 좋은 직장과 특수한 업무 덕분에 마치 재벌가 아들처럼 살아왔지만, 사실 우리 집안 형편은 그야말로 형편이 없었다. 그녀가 집에 올 시간이 가까워질수록, 나는 우리 가정의 현실을 어떻게 설명해야 할지 몰라 고민이 깊어졌다. 현실은 내 어깨를 무겁게 짓눌렀다.

드디어, 그녀에게 우리 집을 보여줘야 할 때가 왔다. 평소 자신감 넘치는 나였지만, 이날만큼은 무력감이 엄습했다. 그녀가 크게 실망하거나 나를 떠날까 봐 걱정이 앞섰다. 하지만 나는 그녀를 진심으로 사랑했고, 누구보다 행복하게 해주고 싶었다.

[장인과 장모님]

우리 집은 금호동의 외곽에 있었다. 금호동 로터리에서 버스를 내려 한참을 걸어야 하는 우리 집은 사실상 빈민촌에 있었다. 나를 부잣집 아들로 알고 있던 그녀와 함께 금호동행 버스를 타고 점점 외곽으로 향할수록, 그녀의 표정이 점점 어두워졌다. 그리고 버스에서 내려 가파른 비탈길을 한참이나 걸어가는 동안, 결국 그녀는 울음을 터뜨리고 말았다. 그 모습을 보며 내 마음은 아팠지만, 그것은 내가 피할 수 없는 현실이었다.

그 후 몇 달이 지나, 열 명 자식을 키우고 공부시키느라 평생 허리가 휘도록 일하셨던 아버지께서 72세 나이에 뇌혈전증으로 쓰러지셨다. 서대문 적십자 병원 중환자실에 입원하셨는데, 다행히도 아버지의 회복에 대한 의지는 강하셨다. 천장에 매달린 고리에 이불 호청을 묶어 일어나는 연습을 힘겹게 반복하시더니, 두 달 후 기적적으로 퇴원하셨다. 하지만 우리 약혼식에는 참석하지 못하셨다. 우리 집안에 형제는 많았지만, 당시 집안의 대소사 모두는 가족 중 경제적으로 가장 형편이 나았던 내 책임이었다. 당연히 병원비도 내가 다 감당하다 보니 집안에서 내 말은 곧 법이 되었고, 처가에서도 자연스럽게 그런 내 위치를 인정했다.

결혼 전에 하루는 장모님께서 내게 말씀하셨다.

"사실 우리 딸 정자는 부엌에 한 번도 들어가 본 적이 없다네. 일을 할 줄도 모르고. 그래서 일할 사람을 하나 딸려 보낼 테니, 집을 구할 때 방은 꼭 두 개짜리로 구하게나." 솔직히 그 말이 마음에 들지는 않았지만, 이미 결혼을 약속한 사이였기에 알겠다고 대답했다.

우리는 1967년 5월 11일 조선호텔에서 결혼식을 올렸다. 모든 결혼 비용 역시 내가 부담했다. 결혼식 주례는 의사협회 회장이었던 김성진 선생님께서 맡기로 되어 있었지만, 선거 유세 일정으로 인해 다른 분이 대신 참석하게 되었다. 다소 아쉬움이 남았지만 결혼식을 잘 마친 우리는 부산 해운대로 신혼여행을 떠났다.

재벌 2세 같던 삶

　나는 결혼 후 마포에 방 두 개짜리 전셋집을 마련하고 신혼살림을 시작하기로 했다.
　신혼여행을 마치고 설레며 신혼집에 도착해보니, 장모님과 낯선 할머니 한 분이 우리를 기다리고 계셨다. 예상치 못한 광경이라 당황했는데, 장모님은 그 할머니가 앞으로 우리 집안일을 도와주실 분이라고 소개하셨다. 덕분에 우리는 자연스럽게 할머니 도움을 받으며 살게 되었다. 얼마 지나지 않아 아내가 임신을 하자, 이번에는 장모님께서 태어날 아기를 돌봐줄 앳된 아가씨를 데려오셨다. 그리하여 우리 집은 여러 사람들로 북적거려 활기가 넘쳤고, 우리 모두는 태어날 아이를 기대와 기쁨 속에서 기다리며, 그 작은 생명이 우리 삶에 어떤 변화를 가져올지 상상하며 하루하루를 보냈다.

[신혼집 앞에서]

그 무렵 미국에 사는 다섯째 형이 다니던, 미국 세인트 루이스에 본사를 둔 세계에서 가장 큰 사료회사 Ralston Purina가 한국에 Purina Korea라는 지사를 설립하게 되었다. 나는 더 큰 도전을 원해 삼경물산에서의 2년을 정리하고, 그 회사 사장 Haddon(헷돈)과 친분이 있던 형의 추천으로 Purina Korea 한국 지사 외자부 차장으로 새로운 길을 걷게 됐다. 당시 외국계 한국 지사 근무는 많은 이들이 선망하던 터라 나로서도 꿈에 그리던 완벽한 기회가 되었다. 더욱이 새 직장의 월급은 이전 직장의 세 배나 되었기에 경제적으로도 큰 도약이었다.

내 업무는 미국에서 사료를 수입해 한국으로 들여오고, 외자 관련 행정 업무를 총괄하는 것이었다. 나는 재무부, 상공부, 경제기획원, 농림부 등 여러 정부 기관으로부터 필요한 서류와 승인을 받아야 했다. 그러나 한국 사회에서는 비상식적으로 많은 서류 절차와 도장이 필요했으며, 그 과정에서 공무원 사회의 관행과 마주해야 했다.

술과 뇌물 없이는 서류 처리가 어려운 것이 현실이었다. 다행히 나와 같은 학교를 나온 선배 공무원들의 도움을 받을 수 있었지만, 결국 나도 점점 타락한 생활로 빠져들기 시작했다. 특히, 회사에서 수입하는 물품에 대한 보험을 들 때 보험 담당자들은 나를 접대하며 주말마다 용돈을 챙겨주는 일이 일상이 되었다. 이런 환경 속에서 나 또한 접대를 많이 하게 되었고, 술과 향락에 젖어 가는 날들이 이어졌다. 업무적으로는 능력을 인정받았지만 도덕적으로는 점점 무너지고 있었다.

그러면서도 나는 여전히 주일마다 교회에 나가 성가대에서 찬양을 불렀다. 그러나 내 부도덕한 생활과 신앙 사이의 괴리감이 점점 커져 가면서 죄책감과 불안이 나를 짓눌렀다. 점차 건강에 대한 염려까지 생기기 시작한 무렵, 미국에 있던 형은 지속적으로 나에게 이민을 권유했다. 당시 미국 이민은 많은 이들에게 꿈과 같은 일이었지만, 나는 안정적인 직장을 포기하고 이주를 결정하기가 쉽지 않았다.

그 즈음, Purina Korea의 사장이 우리 부부에게 파격적인 제안을 했다. 자신이 살고 있던 남산 중턱의 멋진 양옥집이 너무 커서 불편하니, 우리 부부가 그곳에 들어와서 살라는 것이었다.

처음에는 신혼부부가 살기에는 너무 큰 집이라 조심스럽게 거절했지만, 사장은 결혼한 운전기사 두 가정과 함께 살면 된다고 설득했다. 결국 우리는 그 집으로 이사하게 되었다. 자연스럽게 우리 집에는 운전사가 딸린 차 두 대가 있었고, 집안일을 돕는 할머니와 아기를 돌봐주는 아가씨까지 더해져 외부에서 보기에는 내가 확실한 재벌가 2세처럼 보였다. 비록 내 내면에서는 이상과 현실의 간극 속에서 이 모든 것이 진짜 내 삶이 맞을까 하는 복잡한 감정이 교차했지만, 어깨에 힘이 들어가고 자부심이 느껴지는 것은 어쩔 수 없었다.

　나는 주어진 기회를 붙잡고 순간의 행복을 즐기기로 했지만 그 모든 풍요 속에서도 나는 점점 공허해졌다. 나는 누구이며 과연 어디로 가고 있는 것일까? 내 삶의 방향은 올바른 것일까? 깊어지는 내면의 질문 속에서 나는 그 해답을 찾기 위해 점점 더 고민하게 되었다.

별이 된 첫 아이

　결혼 초, 아내가 임신 소식을 전해줬을 때 나는 세상을 다 가진 것처럼 기뻤다. 새 생명이 우리 가정을 찾아왔다는 사실에 기대와 흥분으로 가득 찼다. 아내는 돕는 사람들의 세심한 보살핌 속에 편하게 지내다 보니 배가 많이 불러왔고, 우리는 태어날 아이를 손꼽아 기다리고 있었다.
　하지만 출산 예정일이 지나도 아기는 세상에 나올 기미가 없었고, 3주나 지나도 아기가 나오지 않자 우리는 의사 권유로 유도분만을 결정했다. 출산은 동국대 옆 제일병원에서 이루어졌고, 나는 바이어와 술자리를 갖던 중이라 출산 소식을 듣고 밤 9시쯤 병원에 도착했다. 아내는 무척 힘든 분만을 겪었지만, 마침내 아기가 세상에 태어났다. 병원에서는 우리 아기가 병원 역사상 두 번째로 큰 신생아라며 모두가 놀랐다. 우리는 아이가 건강하게 태어났다는 사실에 감사하며 기뻐했다.
　신생아실로 향했을 때, 내 눈앞에는 평온하게 잠들어 있는 다른 아이들과 비교해 꽤 커 보이는 아기가 누워 있었다. 그 순간 나는 안도하며 행복이란 바로 이런 것이구나 하고 느꼈다. 그러나 그 행복은 오래가지 않았다. 이틀 후 아내와 아이는 친정으로 퇴원했지만, 며칠 지나지 않아 아기가 다시 병원에 입원해야 한다는 연락이 왔다. 아기가 심하게 설사를 하자 아내는 장인어른께 도움을 청해 입원을 시켰고, 내가 병원에 도착해보니 작고 가냘픈 몸에 의료용 줄 여러 개가 온 몸을 감고 있어 애처롭기 그지 없었다.

'설마 우리 아기에게 뭔 일이야 나겠어?'하면서도, 불안해지는 마음을 하나님께 간구하며 달랠 수 있었다.

하지만 그날 새벽 4시, 우리의 첫딸은 우리 곁을 떠났다. 너무나도 가혹해서 믿기지 않았고 믿고 싶지 않았다. 병원 복도에 앉아 아기의 빈 침대를 바라보며 이 모든 것이 꿈이길 바랐다. 하염없이 흐느끼는 아내를 보며 세상의 모든 것들이 멈춘 듯한 기분이었다.

아내는 울고 울고 또 울었다. 출산의 고통도 견뎌냈던 그녀였지만, 아이를 잃은 슬픔은 그녀를 무너뜨리는 듯했다. 그녀는 자꾸 자신을 자책하며 "내가 무엇을 잘못했을까? 내가 조금만 더 조심했더라면..." 하고 중얼거렸다. 사랑을 보여줄 시간조차 허락 받지 못한 것이 아쉬워 마음이 찢어지는 것 같았다.

그런 아내를 보며 나는 무력감에 빠졌다. 가족을 더 많이 지켜주지 못한 가장으로서의 죄책감이 나를 괴롭혔다. 그날 이후, 우리 집 분위기는 한없이 조용하고 무거웠다. 우리는 서로를 보면서도 말을 삼켰고, 아기의 부재가 우리 사이를 짓눌렀다. 그럼에도 우리는 서로를 붙잡고 이 비극을 이겨내려 애썼다.

나는 아내를 품에 안고 "우린 잘해낼 거야. 다시 일어설 수 있을 거야."라고 말했지만, 아내의 슬픔은 거대한 파도처럼 끊임없이 밀려왔고 그 속에서 우리는 허우적거렸다. 그 작은 존재의 빈자리가 너무 크고 내 마음은 그 빈자리로 가득 찼다. 자식을 잃은 고통은 다 큰 형을 잃었던 어머니를 생각하게 했다.

그러나 또 다른 현실이 나를 기다리고 있었다. 아기가 떠났어도 병원비는 해결해야 했다. 나는 병원비 마련을 위해 이곳 저곳을 뛰어다녔다.

슬픔 속에 하루하루를 견디며 1년이 흐르고 둘째 딸 해연이가 우리 품에 안겼다.

첫딸을 잃은 아픔은 여전히 우리 마음 깊은 곳에 자리잡고 있었지만, 해연이가 태어난 순간 우리는 비로소 다시 웃을 수 있었다. 그녀의 작은 손을 만지고 그녀의 울음소리를 반가워하며 우리는 조금씩 치유되어 갔다. 해연이는 우리에게 희망이 되었고 그 속에서 우리는 다시 살아갈 힘을 찾으며 회복되어 갔다.

제 4부

신기루 같은 아메리칸 드림

미지의 땅, 새로운 도전
첫 직장에서의 두려움
위로가 된 미국 교회
낫을 휘두르며
구습을 버리고
희망의 문을 열어준 열쇠
밤에도 분주한 대걸레
드디어 이루어진 무역의 꿈
죄 많은 곳에 은혜가
깊은 수렁에 빠져

미지의 땅, 새로운 도전

[한국을 떠날 때 공항에서]

한국에서의 삶은 불만이 없었다. 안정적인 직장과 부족함 없는 환경 속에 살고 있었기에 굳이 미국으로 이민 갈 이유가 없다고 생각했다. 하지만 일하며 자의 반, 타의 반으로 술을 많이 마시는 생활이 이어지다 보니 건강에 대한 걱정이 커졌고, 매주 교회에 갈 때마다 가책 받는 일이 반복되며 점점 괴로워졌다. 그러던 중, 미국에 대한 동경이 서서히 자리 잡기 시작했고, 아내 역시 미국으로 가자며 나를 설득했다. 나는 원래 부모님을 모시고 살아야 한다고 생각했지만, 막상 그 말을 꺼내지 못한 채 시간이 흘렀고 부모님도 암암리에 그 기대를 내려놓으신 듯했다. 그렇게 여러 가지 상황이 쌓이며, 마침내 나는 이민을 결심할 명분이 생겼다.

먼저 미국으로 떠난 형은 시카고 남단의 Southern Illinois University를 졸업했는데, 그곳에서는 한국인은 물론 동양 사람조차 찾아보기 어려워 외롭다는 편지를 자주 보내왔다. 미국에서 결혼해 가정을 꾸렸던 형은 끊임없이 나를 미국으로 오라고 권했다. 나는 여전히 한국에서의 삶이 만족스러웠지만, 아내의 설득과 건강에 대한 염려로 결국 미국 이민을 결심하게 되었다.

그렇게 30세 나이에 아내와 열 달 된 딸을 안고 미국행 비행기에 올랐다. 새로운 시작을 향한 첫걸음이었지만 그것은 사실 쉽지 않은 결단이었다. 새로운 나라에서의 삶은 무한한 가능성과 기회를 의미했지만, 동시에 막연한 두려움과 불안감도 함께했다.

[다섯째 형님 가족]

익숙하지 않은 환경, 낯선 사람들, 그리고 언어와 문화의 장벽을 마주해야 했다. 하지만 더 나은 미래를 향한 강한 의지가 나를 이끌었다. 미국에 가서 직장 생활을 어떻게 할지, 생계를 어떻게 꾸려갈지에 대한 걱정도 컸지만, 그때 나는 아직 젊었고 의욕이 넘쳤다. 새로운 땅에서의 삶은 분명 쉽지 않겠지만, 나와 가족의 더 나은 미래를 위해 나는 용기를 내 그 길을 선택했다.

1970년 6월 30일, 우리 가족은 하와이 공항에 도착했다. 이어서 다시 비행기에 올라 시카고로 향한 후, 차로 여섯 시간을 달려 미시시피 강가의 형님 댁으로 갔다. 형님은 미리 길 건너 아파트를 마련해 두었고, 우리는 그곳에서 새로운 삶의 짐을 풀었다.

당시 한국에서 해외로 가져갈 수 있는 돈은 1인당 150달러가 한도였다. 세 식구가 합쳐도 450달러밖에 되지 않았지만, 다행히 지인들의 도움으로 1,400달러를 마련할 수 있었다. 그러나 우리는 모든 이민자들처럼, 필요한 정보나 절차 없이, 알려주는 사람도 없이 고국을 떠났다. 생활 영어조차 배우지 못한 채 비행기에 올랐다. 비행장에 내리자마자 모든 것이 낯설기만 했다. 아무런 계획 없이, 그저 새로운 시작을 향한 기대와 불안 속에서 떠난 길이었다. 자발적으로 선택한 길이었지만, 현실에 직면하자 기대만큼 불안감도 커져만 갔다.

첫 직장에서의 두려움

현실은 가혹했다. 아파트를 얻는 데 거의 모든 돈이 들어갔고, 당장 식료품을 사는 일조차 급박했다. 나는 즉시 직장을 찾아 나섰다. 형님이 다니던 Ralston Purina 국제사업부에 자리를 마련해두었다는 소식을 들었지만, 출국을 망설이며 시간을 지체하는 바람에 그 기회는 이미 사라지고 말았다.

언어의 벽은 생각보다 거대했고, 그것이 가장 큰 걸림돌이 되었다. 교회에서 청소부로 일하려 했지만, 관리자는 내 이력을 보더니 오래 버티지 못할 것 같다고 고개를 저었다. 막막한 마음으로 직장을 찾아 헤매던 어느 날, 형님과 함께 장을 보러 갔다가 우연히 형님이 대학 졸업 후 첫 직장을 다녔던 Alton Memorial Hospital의 원장을 만나게 되었다. 형님이 내 사정을 이야기하자, 원장은 다음 날 병원으로 와보라고 했다.

그렇게 시작된 인터뷰에서 나는 청소 일을 제안받았다. 선택의 여지가 없었기에 선뜻 하겠다고 했지만, 면접관이 내 이력을 다시 살펴보더니 경리 업무를 해볼 수 있겠냐고 물었다. 나는 중학교 시절 상업학교에서 배운 경리 지식을 떠올리며 조심스럽게 할 수 있다고 답했다. 병원 측에서는 재무 관련 테스트를 진행했고, 기대에 부응하는 결과를 보였는지 나는 곧바로 Junior Accountant, 즉 초급 경리사로 채용되었다.

내 업무는 병원의 지출을 관리하고 감독하는 일이었다. 높은 직책은 아니었지만, 30년 동안 근무한 전임자가 은퇴하면서 비게 된 자리였기에 나는 운 좋게 그가 사용하던 사무실을 혼자 쓸 수 있었다. 미국에 도착한 지 얼마 되지 않아 나만의 사무실을 가지게 된 것은 큰 자부심을 주었고, 출근할 때마다 가슴이 벅찼다. 그러나 그것이 곧 나를 괴롭히는 요소가 될 줄은 꿈에도 몰랐다.

가장 큰 문제는 전화였다. 대면 대화는 더듬거리면서라도 가능했지만, 전화로 들려오는 영어는 너무 빨라서 알아듣기 어려웠다. 한국에서 배운 영어는 시험용 문법 위주였기에 실생활에서의 회화는 전혀 다른 영역이었다. 전화벨 소리만 울리면 가슴이 쿵쾅거렸고, 결국 나는 전화가 울릴 때마다 무조건 화장실로 뛰어가는 편법을 쓰기 시작했다. 내가 없으면 옆방 동료가 대신 받아주고 내용을 전달해주었기 때문이다. 하지만 화장실은 하나뿐이었고, 방금 다녀왔는데 또 가야 하는 상황이 반복되면서 점점 난처해졌다. 혹여 내 언어 문제가 원장 귀에 들어가 해고당할까 봐 노심초사하며 하루하루를 버텼다.

병원의 경리 업무는 한국에서의 바쁜 일상과는 사뭇 달랐다. 매일 오후 5시 정각이면 퇴근하는 문화였다. 덕분에 병원에서 5분 거리에 있는 집에 도착하면 정확히 5시 5분이었고, 아내는 얼음을 넣은 코카콜라를 준비해두고 나를 기다렸다. 그렇게 우리는 미국식 생활에 자연스럽게 적응해갔다. 그 즈음 사랑스런 둘째 딸 줄리가 태어났다. 한국에서 밖으로만 바쁘게 뛰어다니던 생활과는 달리, 주말이면 딸을 데리고 공원에 가서 그네를 밀어주는 가정적인 남편이 되어갔다. 미국에서의 삶은 여전히 낯설고 도전의 연속이었지만, 그렇게 우리는 조금씩 새로운 일상을 만들어가고 있었다.

위로가 된 미국 교회

우리가 살던 지역에는 한인뿐 아니라 동양인조차 만나기 어려웠다. 거리를 걸어도, 마트를 가도, 학교에 가도 낯익은 얼굴은 전혀 보이지 않았다. 그래서 당연히 한인 교회도 없어서, 우리는 집에서 가장 가까운 Godfrey Methodist Church에 다니기로 했다.

처음에는 낯선 언어로 부르는 찬송가가 익숙하지 않았지만, 교회 안에서 찬양이 울려 퍼질 때마다 마음 깊은 곳까지 평안함을 느꼈다. 가끔 익숙한 찬송가가 나오면, 한국에서 성가대원들과 함께 연습하고 찬양하던 기억이 떠올랐다. 설교는 열심히 귀를 기울여도 몇 개 단어만 알아들을 수 있고 이해 하기가 어려웠지만, 예배당에 앉아 있는 것만으로도 피난처 같은 안식처처럼 느껴졌다. 예배가 끝난 후 교인들은 따뜻한 미소와 함께 손을 내밀며 친밀감을 보여주었고, 우리가 유일한 동양인이었기에 더 많은 관심을 보이는 것 같았다.

그들은 우리 이름을 물어보곤 했는데, 아내 이름이 '정 정자'라 '정자'에서 앞 글자만 따서 'Jung Zyung'이라고 했다. 하지만 성과 이름의 발음이 비슷하다 보니, 교인들은 몇 번이고 되물으며 이름을 따라 하려 했지만 쉽지 않았다. 결국 우리는 이름을 쉽게 바꾸기로 하고, 아내 이름에서 'Jung'을 포기하고 'Ja Zyung'으로, 나는 'Ji Zyung'으로 소개하였다. 미국식 문화에 맞춰 아내는 성은 정으로 하고, first name 대신 middle name을 사용했다.

미국에 와서 맞이한 첫 크리스마스는 더욱 쓸쓸했다. 고향에서는 성탄예배를 마친 후 하얀 눈이 소복이 쌓인 거리를 걸으며, 새벽찬송을 부르곤 했었다. 따스한 분위기 속의 교회와 부모님과 가족, 친구들이 그리웠다. 우리는 고향에서의 따뜻한 기억을 마음속에 간직한 채, 새로운 환경에서 고독을 달래야 했다.

우편함을 열어보니 교인들이 정성스럽게 보낸 크리스마스 카드들이 들어 있었다. 한 장 한 장 카드를 열어보며 우리는 웃음을 터뜨리지 않을 수 없었다. 모든 카드 시작이 'Dear Ja & Ji'라고 적혀 있기 때문이었다. 비록 우리가 만든 이름이 낯설고 웃겼지만, 그들은 친절한 손길과 따뜻한 메시지로 쓸쓸한 우리를 위로하며 포근한 온기를 선물로 주었다.

[미국에 와서 첫 크리스마스]

낫을 휘두르며

열심히 일한 보람으로 월급이 오르며 생활은 유지할 수 있었지만, 부족한 영어와 바쁘게 살다 갑자기 무료해진 일상은 여전히 나를 괴롭혔다. 이민자로서 생계를 이어가기는 했지만, 주말이 오면 더욱 공허함이 밀려왔다. 가족과 친구들이 있는 한국과는 너무나 다른 삶, 익숙지 않은 문화 속에서 점점 나 자신이 고립되는 느낌이 들었다.

어느 날, 참다 못한 나는 직접 원장을 찾아갔다.

"미국에 와서 먹고 살기는 하지만, 주말이 너무 한가합니다. 혹시 주말에 할 일이 있으면 시켜주시면 좋겠습니다."

몰랐던 사실은 원장도 나와 같은 교회에 다니고 있었다. 그는 웃으며 야드 매니저를 불러 나를 도와줄 일을 찾아보라고 했다. 잠시 후 나타난 야드 매니저는 나를 데리고 병원 뒤편 창고로 가더니, 창고 안에서 내 키만 한 낫을 꺼내 내밀며 말했다.

"뒷산에 올라가 잡초를 베세요."

나는 커다란 낫을 들고 병원 뒷산으로 올랐다.

그날은 11월 중 어느 날로, 차가운 바람에 눈발이 거세게 흩날리고 있었다. 나는 커다란 낫을 꼭 쥐고 허리까지 차오른 풀들을 베어나갔다. 눈발은 점점 커지며 거세게 쏟아져 내렸고, 몸은 금세 차가워졌지만 잡초를 베는 동안 내 머릿속에는 다른 생각들로 가득 찼다.

이국의 겨울 산속에서 혼자 잡초를 베고 있는 내 모습이 너무도 낯설고 비현실적으로 느껴졌다.

'내가 지금 여기서 대체 뭘 하고 있지?'

휘몰아치는 눈발 사이로 한국에서의 재벌 같던 순간들이 주마등처럼 스쳐 갔다. 하지만 그것도 잠시, 내가 휘두르는 낫의 날카로운 소리가 나를 깨웠다. 여기서는 아무도 나를 특별하게 생각하지 않으며, 제로 상태에서 내 두 손으로 가족을 지켜야 한다는 사실이었다. 잡초를 베면서 나는 한국에서 살아온 시간과 미국에서 살아갈 시간을 동시에 되새기며, 아버지에게서 물려받은 강인함과 인내를 발견하고 키우고 있었다. 그날 이후, 나는 더 이상 무료한 주말을 걱정하지 않았다.

구습을 버리고

　병원에서의 나의 경리 업무는 병원에서 구매하는 모든 물품의 대금을 지급하는 일이었다. 한국에서라면 이런 자리는 자연스럽게 거래처에서 인사를 오고, 술 접대나 작은 용돈이 따라오는 자리였다. 하지만 미국에서의 분위기는 달랐다.

　나는 자주 꽤 큰 금액의 청구서를 승인했지만, 몇 달이 지나도록 아무도 "고맙다"는 인사를 하러 찾아오는 사람이 없었다. 참으로 이상했다. 한국에서는 결재 한 번으로도 관계가 형성되고 반드시 감사 인사가 오갔는데, 미국에서는 마치 아무 일도 없었다는 듯이 시간이 흘렀다. 그래서 나는 한 가지 실험을 해보기로 했다.

　어느 날, 일부러 꽤 큰 금액의 청구서를 보류해 두었다. 혹시라도 거래처에서 연락이 오지 않을까, 누군가 찾아오지 않을까 한국식 머리를 써본 것이다. 그러나 며칠이 지나도 아무런 연락이 없더니, 대신 원장이 나를 찾았다.

　"미국에서는 청구서를 빨리 처리해 줘야 좋은 업체들이 계속 좋은 물건을 공급해 줍니다."

　그 말을 듣는 순간, 나는 진땀이 나면서 정신이 확 들었다. 이곳에서는 누구도 개인의 이익을 위해 거래를 지연시키거나 불필요한 관행을 만들지 않는다는 것을 깨달았다.

　그날 이후 나는 청구서가 오면 즉시 수표를 발행하며, 미국에서는 쉽게 얻어지는 것이 없고 그것이 미국식 비즈니스의 기본임을 알게 되었다.

한국에서는 관계와 정(情)이 중요했고, 그것이 업무 방식에 영향을 미쳤다. 하지만 미국에서 신뢰는 정직함에서 쌓이고, 모든 것이 명확한 기준과 규칙에 따라 운영된다는 사실을 뼈저리게 깨달았다. 나는 이제 한국의 관습을 버리고 규칙과 원칙이 지켜지는 이곳 방식을 따라야 했다. 정직하게, 묵묵히, 하루하루를 성실히 살아가는 것이 이곳에서 살아남는 길이라는 것을 알게 된 것이다.

희망의 문을 열어준 열쇠

잡초를 베는 중 함박눈이 계속 내리던 어느 날, 나는 병원장을 다시 찾아가 솔직하게 하소연했다.

"원장님, 눈이 너무 많이 쌓여 도저히 일을 할 수 없습니다."

내가 맡은 야외 작업이 눈 때문에 중단되었으니, 다른 일을 맡겨 달라는 뜻이었다. 원장은 이번에도 청소 담당 책임자를 불렀고, 그는 나를 병원 복도로 데려갔다. 잠시 후, 내 손에 들려진 것은 대걸레와 바케스였다.

"병원 청소 하세요."

길고 긴 병원 복도와 병실들을 바라보며 나는 순간 할 말을 잃었다. 주중에는 하얀 와이셔츠에 넥타이를 매고 사무실에서 서류를 다루던 내가, 이제는 주말마다 바닥을 닦는 사람이 되었다. 처음엔 청소 도구를 들고 병실과 복도를 오가는 것이 민망했다. 함께 일하던 직원들이 나를 어떻게 볼까 걱정도 됐지만, 청소 할 때만큼은 다른 생각을 할 틈이 없었다. 구석구석을 닦으며, 내 마음도 함께 겸손하게 닦여 나갔다.

주중에는 사무실에서 경리 업무를 보고, 주말에는 교회 예배를 마친 후 곧바로 병원으로 가서 청소를 했다. 처음엔 힘들었지만 시간이 지나면서 손에 익숙해졌고, 그것을 본 간호사들이 다가와 묻곤 했다.

"집을 샀나요? 차를 샀나요?"

그들의 질문 속에는 '왜 그렇게까지 일을 하느냐'는 뜻이 담겨 있었고, 나는 웃으며 솔직하게 '여유 돈이 필요해서'라고 답했다.

그들은 내 사정을 이해해 주었고, 이후 병원 직원들은 젊은 내가 열심히 일하는 모습을 좋게 봐주며 지나갈 때마다 격려를 해주었다. 그렇게 1년 가까이 주말마다 청소 일을 하며 추가 수입이 생기자 마음 한구석에 희망이 일었다.

'언젠가 내가 원하던 무역업을 할 수 있지 않을까?'

하지만 꿈은 키워가도 현실은 여전히 외로웠다. 어딜 가도 한인이라고는 한 명도 없고, 한국어를 쓸 기회조차 없었다. 시간이 지날수록 한국말 한 마디도 못하는 삶이 얼마나 고독한지 온몸으로 느껴졌다.

그러던 어느 날, 시카고에 살고 있던 고교 동창 몇 명이 전화를 걸어왔다. 시카고가 재미있으니 이사를 오라는 권유였다. 그 유혹은 외롭던 내 마음을 흔들어 놓았고, 나는 큰 고민 없이 시카고로 가기로 결정했다. 이사를 결정한 후 나는 내 보스인 병원 경리부장을 먼저 찾아갔다. 내 말을 듣고 난 그는 나의 결정을 이해한다며 직장은 구해 놓았냐고 물었다. 내가 아직 구하지 못했다고 하자 그는 망설임 없이 추천서를 써주겠다고 했다. 다음 날 그를 만나자 그는 직접 작성한 추천서를 내게 건넸다. 나는 그 종이 한 장을 받고 읽어본 순간 가슴이 뜨거워졌다.

'정지선은 성실한 사람으로, 언제든 이 직장으로 돌아오면 다시 고용하겠다.'

내가 낫을 들고 눈 속에서 잡초를 베고, 바케스를 들고 복도를 닦고, 사무실에서 꼼꼼히 계산서를 정리하던 노력들이 이 한 줄로 다 보상받은 느낌이었다. 나는 이 추천서 백 장을 복사하고 이력서도 백 장을 만들며, 시카고에서의 새로운 출발을 준비했다.

마침내 미국에서 처음 발 디뎠던 Alton을 떠나, 북쪽으로 6시간 정도 거리에 있는 시카고로 향했다. 당시 미국 중서부에도 한인 인구는 많지 않았다. 시카고에 도착한 후 나는 하루를 쉰 후 신문을 뒤적이며 구직 광고를 찾아보았다. 그 중에 눈에 띈 광고가 하나 있었다.

'Standard Packaging Corporation' - 경리직 모집

나는 바로 재무 담당자와 인터뷰 약속을 잡았고, 그를 만나 추천서를 내밀자 그는 그것을 읽더니 곧 나를 보며 말했다.

"더 이상 인터뷰할 필요 없으니 내일부터 출근하세요."

그 말을 듣는 순간 나는 짜릿한 감격을 느꼈다. 99장의 추천서와 이력서가 모두 필요 없게 된 순간이었다. 내 인생의 새로운 문을 열어준 그 한 장의 추천서는, 낯선 땅에서 나의 노력과 성실을 인정받은 상징이었다. 그것은 내가 이곳에서 나만의 자리를 찾아가고 있다는 믿음을 주는 중요한 사건이었다.

밤에도 분주한 대걸레

경리로서 회사에서 신망을 얻고 안정적인 생활을 이어가던 어느 날, 신문을 펼치다 한 광고가 내 눈에 들어왔다. '청소업 프랜차이즈 모집'이라는 광고였다. 청소라는 일은 내가 이미 해본 경험이 있어서 호기심이 생겼다. 그러나 청소를 사업으로 한다는 것은 전혀 다른 차원의 도전이라 생각이 들었지만, 궁금한 마음에 사장을 만나 보기로 했다.

그는 빌딩 사무실 청소 사업을 운영하며, 여러 하청업체들에게 계약을 나누어주는 방식으로 사업을 확장하고 있었다. 사업을 운영하는 조건은 세 가지였다. 첫째, 하청을 받은 사람은 직접 청소 인력을 고용해야 한다. 둘째, 전체 수입의 5%를 수수료로 회사에 지급해야 한다. 셋째, 청소 도구는 반드시 회사에서 구입해야 한다.

청소 경험은 있지만 고객을 찾아 계약을 따낼 능력은 부족했던 나에게 이 방식은, 안정적인 일감을 보장받으며 내 사업을 시작할 수 있는 최상의 기회처럼 보였다. 하지만 사업을 시작하려면 계약금이 필요했다. 고민 끝에 주유소를 운영하던 친구에게 돈을 빌려 계약금을 지불하고, 내 이름으로 첫 번째 사업을 시작하게 되었다. 나는 사업 이름을 'Diversified Clean Service'로 짓고, 처음에는 몇 개 작은 사무실 청소부터 시작했다. 늦은 밤 일을 끝내고 어둠 속으로 발을 내디딜 때마다, 몸은 피곤했지만 처량하기보다는 오히려 뿌듯한 마음에 발걸음이 가벼워졌다. 나는 점차 사업 범위를 넓혀가며 시카고 근처 여러 건물을 관리하게 되었고, 고객의 만족으로 소개를 받아 더 많은 계약을 따낼 수 있었다.

사업이 커지자, 나는 갓 이민 온 사람들을 고용하기 시작했다. 단순한 일이었지만, 그들에게 청소 방법을 가르치며 정확성과 성실함이 중요하다는 것을 강조했다. 시간이 흐르면서 사업은 성장했고, 8층짜리 빌딩을 포함해 8개 건물을 관리하는 규모로 커졌다. 직원은 40명으로 늘었고, 주말에는 마루에 왁스를 바르고 광을 내는 추가 작업도 맡아 수입이 더해졌다. 내 사업은 점차 안정적으로 자리 잡았다.

하지만 사업 운영은 결코 쉬운 일이 아니었다. 청소업 프랜차이즈 계약은 엄격해서, 고객이 불만을 가지면 언제든 계약이 취소될 수 있었다. 아침까지 청소가 끝나지 않거나 직원 실수로 청소할 부분을 놓치면 고객은 불만을 제기했고, 그때 모든 책임은 내게 돌아왔다. 높은 캐비닛 위 먼지를 문제 삼는 고객 등 어떤 불만이 있을 때마다, 나는 직접 현장으로 가서 문제를 해결했다. 때로는 직원들이 일을 제대로 하지 않아 새벽까지 혼자 남아 바닥을 닦기도 했다. 고된 노동 속에서도 성취감과 자부심이 있었고, 매일 밤 청소를 마친 후 새벽에 집으로 돌아가 잠깐 눈을 붙인 후 다시 직장으로 향하는 생활을 5년 동안 이어갔다. 그럼에도 불구하고 나는 미국에서 내 손으로 일군 사업을 포기할 수 없었다.

비록 몸은 지쳤지만 내 노력은 정직하게 보상받았다. 청구서를 보내면 정해진 날짜에 정확한 금액이 입금되었고, 차곡차곡 쌓인 돈으로 마침내 내 이름으로 된 첫 번째 집을 마련할 수 있었다. 집 열쇠를 손에 쥐고 한참을 바라보며, 내 꿈이 하나씩 현실로 바뀌는 걸 확인했다. 길을 내가며 나는 그 길 위에서 조금씩 아메리칸 드림이 성취되어 가는 것을 기뻐하고 있었다.

드디어 이루어진 무역의 꿈

1976년은 내가 미국에 온 지 6년째 되던 해로 시카고로 이주한 지 2년이 흘렀다. 청소 사업이 자리를 잡으며 자금에 여유가 생긴 나는, 오래전부터 꿈꿔왔던 무역업을 시작해야겠다고 결심했다. 대학을 졸업한 지 12년이나 되었기에 한국에 있는 친구들은 대부분 대기업 중역으로 승진하며 탄탄한 커리어를 쌓아가고 있었다. 나는 아내와 두 딸과 함께 무탈한 생활을 이어가고 있었지만, 문득 이런 질문이 떠올랐다.

'나는 왜 미국에 와서 이 고생을 하고 있는가?'

미국 생활은 안정적이었지만, 나는 여전히 내 손으로 뭔가 이루고 새로운 길을 개척해야 한다는 갈망을 품고 있었다. 그 무렵 중학교와 고등학교를 함께 다닌 오랜 친구 송인섭과 뜻이 맞아 무역 회사 설립을 논의하게 되었다. 그는 대한항공 시카고 지점에서 근무하고 있었지만, 네 아이를 키우느라 생활이 빠듯했다.

나는 그에게 청소 프랜차이즈 사업을 소개해 주어 그 또한 다른 지역에서 청소 사업을 운영하고 있던 터였다. 그러나 우리 둘 다 더 큰 도전을 원했고, 그 무렵에 한국과 미국을 잇는 무역업이야말로 우리가 할 수 있는 최적의 일이라고 생각했다.

당시 한국은 박정희 대통령의 경제개발 5개년 계획 아래 수출 중심의 경제정책을 추진하고 있었다. 자원이 부족한 한국은 섬유, 가발, 전자제품 등 경공업 제품을 세계 시장으로 내보내며 경제 성장을 이루고 있었고, 삼성, 현대, 대우 같은 대기업들은 자체적으로 해외 지사를 설립하며 국제 시장에서 경쟁력을 키우고 있었다. 그러나 중소기업의 해외 직접 진출은 어려웠다. 바로 이 점에 착안한 우리는 한국의 중소기업들을 대신해, 미국에서 지사 역할을 하는 대행업무를 맡아보기로 했다.

나는 그즈음 무역사업을 위해 한국에서 와서 사업체를 찾으며 내 청소업에 관심을 보이던 김두웅이라는 분에게 사업체를 팔아 자금을 마련했다. 사업체 이름을 청소업과 연계된 'Diversified Distribute Inc.'라고 하고, 우리는 한국의 무역통신 신문에 광고를 내며 본격적으로 사업을 추진했다. 우리는 한국을 방문해 여러 회사를 접촉하며 지사 대행 업무를 맡았지만, 기대와 달리 사업은 예상치 못한 난관들이 기다리고 있어서 순조롭지 못했다. 미국 시장의 복잡한 거래 방식과 문화 차이로 인해 실수가 잦았고, 한 번은 계약 문제로 고소까지 당하는 일도 있었다.

무역업에서 가장 큰 문제는 대금 회수 방식이었다. 그 당시 한국 재벌 회사는 정부의 수출 정책 압박으로 미국의 수입자들에게 신용장(L/C)방식이 아니라, D/A나 D/P 방식 즉, 외상 거래 방식으로 수출하고 있었다. D/A는 수입자가 대금을 바로 지불하는 대신 일정 기간 후 결제하도록 하는 방식이고, D/P는 수입자가 물품을 받기 위해 대금을 즉시 지불해야 하는 방식이었다. 이것은 정부의 정책이나 특정 상황에서 수출자와 수입자 간 신뢰를 바탕으로 사용될 수 있으나 두 경우 모두 신용장 방식에 비해 위험이 높았다. 그 결과, 한국 기업들은 미국 업체에 물건을 보냈지만 대금을 회수하지 못하는 경우가 비일비재 했다.

유태인 바이어를 포함한 미국 바이어들은 수입한 가죽제품을 창고에 쌓아두고도 대금을 지불하지 않거나, 품질 문제를 이유로 값을 깎으려 했다. 대기업에서 근무하던 대학 친구들도 자신들의 회사에서 미국에 외상으로 보낸 물건들이 뉴욕 창고에 쌓여 있는 경우가 많았다. 그들은 나에게 그 물건들을 팔아보고 대금을 결제하라는 제의를 했다. 나는 그 제의를 흔쾌히 받아들여 뉴욕으로 향했다. 나는 직접 뉴욕 창고로 가서 그 물건들을 트럭으로 실어다 현지 소매상들에게 팔기 시작했다. 그러나 당시 한국의 제품 생산 실력이 아직 미진하던 때라 워낙 불량품이 많아 반품이 늘면서 재미를 보지 못했다.

뉴욕에도 대학 동창들이 있었는데 그들은 대만에 있는 친척이나 친지에게서 물건을 수입해, 동부 소매상들에게 파는 사업을 하고 있었다. 대량으로 수입하면 원가가 낮아지다 보니 무리하게 대량 수입을 하거나 필요이상 과잉 수입을 해야 했던 그들은, 자기들이 수입한 물건들을 거의 원가로 내게 보내주었다. 나는 그 물건을 받아 동부나 남부에 있는 소매상들을 일일이 찾아 다니며 팔고 대금을 갚으면서 사업을 확장시켜 나갔다.

나는 밤잠을 설쳐가며 사업 계획을 세우고, 모든 자금을 투입하여 시카고 중심가에 Men's Wear Wholesale 즉, 남성복 전문 도매업을 하기로 결정했다. 트럭을 빌려 물건들을 싣고 시카고로 돌아와 사업을 시작했으나 도매업 역시 만만치 않았다. 당시 제품들은 품질 관리가 미흡해 불량품이 많아 판매가 쉽지 않았다. 설상가상으로 물건을 팔았다 해도 대금 회수가 큰 문제였다. 한국에서는 돈을 입금하라는 독촉이 이어졌지만, 미국 소매업자들은 상품 품질이 좋지 않다는 이유로 대금 지불을 미루는 일이 많았다.

그러나 나는 포기하지 않았다. 그동안 혼신을 다해 키워온 청소사업을 매각한 자금을 넣어 제품을 직접 디자인하며, 한국과 중국에서 제작한 제품을 수입하고 판매하며 사업을 확장해 갔다.

친구 송인섭도 소매점을 운영하며 함께 사업을 키워나갔다. 가죽 중심의 남성복이 잘 팔리던 시기였기에, 우리는 시장의 흐름을 읽으며 사업을 안정적으로 조금씩 성장시켰다. 나는 거의 8년 동안 무역과 도매 사업을 적극적으로 운영하며, 남부 5개 주를 관리하고 450여 개의 자영업 거래처를 확보하는 데 성공했다.

시카고 주요 일간지인 Chicago Tribune에서도 성공한 이민자로 인터뷰를 할 정도였다. 그 시기는 남성복이 인기 품목이던 시절이라, 시카고 남부에도 점점 옷 가게들이 늘어나며 이를 중심으로 식당과 선물 가게들이 생겨나 한인 상권이 형성되기 시작했다. 경제적으로 안정된 한인들이 고국 방문 시 한국에서 구하기 어려운 물건들을 선물로 사 가며, 귀국선물 가게들이 성황을 이루었다. 나는 이 변화 속에 한인 사회와 함께 성장하고 있었다. 시카고 지역에서 사업을 하고 싶은 한인들은, 시작이 그리 어렵지 않은 옷 가게에 관심을 가졌다. 그러나 대부분의 옷 도매상이 유태인 주인이라 외상거래는 거의 불가능했다. 하지만 나는 같은 한인들로 살아보려 애쓰는 사람들에게 외상을 거절하지 못해 외상이 점점 늘기 시작했다.

비록 외상으로 물건을 가져가는 사람들이 많아 현금 유동성은 부족했지만, 사업은 번창하는 듯 보였다. 하지만 거래처가 많다고 수익이 비례

하는 것은 아니었다. 그만큼 물건을 구매하는 데 많은 자금이 필요했고, 자금난을 해결하기 위해 은행 융자는 필수였다. 사업 확장을 위해 한인 금융권과의 신뢰 구축은 반드시 필요했기에, 나는 은행 융자를 받기 위해 은행원들과 저녁 식사를 함께하며 돈독한 관계를 쌓아갔다. 넘어야 할 장애물은 끝도 없었지만, 나는 한 걸음씩 꾸준히 앞으로 나아갔다. 수많은 시행착오 속에 어려움은 늘 따라왔지만, 나는 내 손으로 직접 일군 개척에 뿌듯한 성취감을 느꼈고 만족감은 컸다. 그리고 마침내 1982년, 나는 또 한 번의 터닝포인트를 맞이하게 되었다.

죄 많은 곳에 은혜가

한없이 부끄러운 이야기지만, 이것도 나의 한 모습이었기에 적어본다.

어느 주일, 교회에 갔다가 방문자로 온 대학 시절 친구를 뜻밖에 만나게 됐다. 반가운 마음에 저녁에 그가 머물고 있는 집사님 댁으로 찾아갔다. 술을 한두 잔 나누는 사이, 집 주인은 피곤해 먼저 잠자리에 들었고 친구와 나는 계속 술잔을 기울였다. 그때까지만 해도 정신이 멀쩡해 집을 나설 때까지 기억은 또렷한데, 그 이후 기억이 뚝 끊겼다.

눈이 가려워 손을 움직이려 했으나 말을 듣지 않아 불편하던 중, '덜컥' 하는 무거운 철문 소리가 들렸다. 눈을 뜨자 내 앞에는 웬 작은 침대와 변기가 보였다. 경찰서였다. 나는 만취 상태로 경찰에 연행되었고, 다음 날 아내가 보석금을 가져와서 간신히 풀려날 수 있었다. 법원에 출두하게 된 나는 초범이라 1년간 집행유예를 선고 받았는데, 이 말은 판사가 유죄 판결을 내리지만 징역형은 집행하지 않고 '1년 내에 또다시 음주 문제로 적발되면' 감옥행이란 뜻이었다.

당시 관행은 한국과 다르지 않아서, 사업을 하려면 한국계 은행, 소매업자들과의 관계를 유지하기 위해 술자리를 피할 수 없었다. 집행유예가 끝나기 2개월 전, 나는 또 한 번 술을 마셔서 걸리게 됐다. 조심조심 주위를 살피고 눈치를 보며 운전하던 중, 경찰차가 번쩍번쩍 경광등을 켜며 따라왔다. 차를 세운 경찰은 나를 차에서 내리라고 하더니 똑바로 걸어보라고 했다.

나는 술을 많이 마시지 않았다고 생각했지만, 걸음이 삐뚤삐뚤했던지 경찰 둘이 나를 체포하려 다가왔다. 순간 잡히면 끝장이다 싶어 나는 본능적으로 도망치기 시작했다. 경찰은 나를 달래며 진정시키려 했지만, 취기가 올라있는 나는 계속 도망쳤다. 지금 같으면 총에 맞을 수도 있는 위험한 상황이었으나, 당시에는 경찰이 돈을 받고 봐주는 관행이 빈번했기에 나는 어느 정도 자신이 있었다.

그러다 결국 붙잡힌 나는 경찰차 뒷좌석에 앉았지만, 문고리를 붙잡고 열어두고 있었다. 경찰이 직업이 내게 뭐냐고 물어, 나는 대답 대신 명함을 건넸다. 그는 명함을 달빛에 비춰보더니, 내 직함이 'President'(사장)인 것을 확인하더니 이 회사는 어떤 일을 하는 곳이냐고 물었다. 나는 그 말을 돈을 요구하는 신호라고 생각했지만, 술집에서 팁을 주고 나오는 바람에 주머니에 현금이 없었다.

술이 거의 깬 상태였던 나는 경찰에게 혼자 집에 갈 수 있다고 말했고, 놀랍게도 경찰은 집 근처까지 나를 잘 호위해 주었다. 나는 그렇게 기적처럼 풀려났다. 십 년 감수한 기분이었지만 마음 한구석엔 찝찝함과 불안감이 남아 있었는데, 며칠 후 회사에서 일을 하고 있는데 군화 소리 같은 무거운 발소리가 들려왔다.

밖으로 나가 보니 건장한 경찰 두 명이 사무실로 들어오고 있었다. 자세히 보니 바로 그날 나를 풀어준 경찰들이었다. 그들이 그날 나를 체포했다면 나는 지금 감방에 있을 터였기에 나도 모르게 반가운 마음에 그들을 끌어안았다. 나는 감사의 마음을 전하고 싶어 당시 한창 유행하던 긴 가죽 코트를 선물하기로 했다. 경찰 한 명에게 코트를 입어보게 하니 딱 맞았다. 그가 벗으려 할 때 내가 말했다.

"벗지 마, 그건 네 거야."

그는 기뻐하며 감사 인사를 건넸고 나는 또다른 경찰에게도 같은 코트를 선물했다.

그러자 직위가 높아 보이는 그가 자신의 명함을 꺼내더니 뒷면에 무언가를 적더니 내게 건넸다. 거기에는 이렇게 적혀 있었다.

'이 사람은 나의 좋은 친구니, 잘 봐주라.'

그리고 하는 말이 네가 만일 시카고에서 술을 마시다 걸리면, 이 명함을 보여주면 괜찮을 거라고 했다. 그야말로 호랑이 담배 피던 시절의 이야기다. 그 일이 있은 얼마 뒤, 한국에서 고등학교 친구가 방문했다. 우리는 함께 술을 마시다가 또다시 경찰에 걸렸다.

현금이 없던 나는 경찰에게 명함을 줄 생각을 했지만, 친구가 현금을 가지고 있어 간신히 위기를 모면할 수 있었다. 나는 여전히 하나님을 믿는다면서도, 사업을 핑계로 방탕한 삶을 살고 있었다. 교회에는 꼬박꼬박 출석했지만, 내가 스스로 강하다고 생각할 때 나는 진심으로 하나님께 매달리지 않았다. 내가 잘하고 있다고 믿을 때, 나는 기도하지 않았다. 그러나 그때 내가 아슬아슬한 줄 위를 걷고 있었다는 것을 깨닫지 못했다.

방탕한 생활을 이어가며 교회에 가면 부끄러워 회개했지만, 한 번 올라탄 롤러코스터에서 스스로 내려오기는 쉽지 않았다. 오히려 기회를 다시 얻은 안도감이 더 컸다. 그러나 그 순간에도 하나님은 나를 붙잡고 계셨다.

"죄가 더한 곳에 은혜가 더욱 넘쳤나니"(로마서 5:20)

처음에는 이 구절을 이해할 수 없었다. 죄가 많아지면 심판도 많아지는 것이 아닐까?

같은 죄를 반복하면 더 큰 벌을 받아야 하지 않을까? 그러나 내 실수와 나약함이 절망으로 이어질 것 같았던 그때, 더 이상 방탕한 나를 지켜보실 수 없었기 때문일까 시편 37장의 말씀처럼 하나님은 결국 나를 멈추셨다. 하나님의 은혜는 내가 결점 없는 존재이기 때문에 주어지는 것이 아니라, 나의 죄 많은 곳에 부어주시며 한 순간도 나를 포기하지 않으셨다.

> 시편 23절: 여호와께서 사람의 걸음을 정하시고, 그의 길을 기뻐하시나니
> 시편 24절: 그가 넘어져도 아주 엎드러지지 아니하나니 여호와께서 그의 손으로 붙드시기 때문이라

깊은 수렁에 빠져

사업이 번창하자 나는 마치 재벌집 자제처럼 폼을 잡으며 방탕한 생활을 이어갔다. 하나님께서는 그런 나를 보며 탄식하셨을 것이다. 겉으로 보기엔 사업이 잘 굴러가는 것 같았지만 실상은 그렇지 않았다. 물건을 팔고도 대금을 받지 못하니 점점 자금이 부족해졌다. 당시 외환은행 차장이었던 일 년 선배 송차장의 도움으로 융자를 받기도 했지만, 결국 우리 회사는 더 이상 버틸 수 없는 상황에 처했다.

그때 미국 경제 또한 심각한 변화를 겪고 있었다. 1979년 카터 정부는 인플레이션을 잡기 위해 고금리 정책을 시행했고, 그 결과 대출 금리가 17%까지 상승했다. 우리처럼 사업체 가진 사람들은 거기에 추가로 2%를 더해 19%의 은행 이자를 부담해야 했다. 사업에서 수익이 나도 벌어들인 돈은 고스란히 이자로 빠져나갔다. 중소기업은 대출 받기가 어려워졌고, 받았다 해도 이자 감당이 어려워 도산했다. 나도 예외는 아니었다.

나는 시카고 로렌스와 킴볼이 만나는 곳에 사무실을 얻고 남성복 도매업을 운영하고 있었다. 당시 흑인 거주지역에 남자 옷 가게가 늘고 한인촌도 형성되면서 새로운 기회가 보였지만 내 사업 운영 방식에는 치명적인 약점이 있었다. 사람 좋아하며 거절을 못하는 내 성격이 주 문제였다. 내 성향을 잘 아는 소매업자들은 계속 외상으로 물건을 가져갔고, 팔리지 않는 물건들은 계속 반품했다.

그들은 외상으로 가져간 물건을 팔고 현금이 생기면, 그 현금으로 유대인 도매상에게 가서 현찰로 나보다 싼 가격으로 거래했다. 그 결과 갚지 않은 내 외상값은 그대로 남았고, 창고에는 팔리지 않은 물건들이 쌓여갔다. 나는 판매 대금을 받아 빚을 갚아야 했지만, 수금이 되지 않으니 피를 말리는 상황으로 이어졌다.

유태인 바이어 중 가죽 가게를 운영하는 Fureal이라는 사람도 나에게 20만 달러나 되는 외상값을 갚지 못하고 있었다. 그는 가게 7곳을 운영하고 있었지만 장사가 되지 않으니 운영에만도 빚이 늘고 있었다. 결국 그는 빚을 갚는 대신 3곳의 재고 물건을 나에게 넘겼지만, 여전히 빚은 남았다. 그뿐 아니라 그는 몇 달 치 가게 임대료도 내지 못하고 있었는데, 나는 돈 회수를 위해 10만 달러나 되는 가게 임대료까지 대신 납부하며 그의 가게를 물건과 함께 인수했다. 외상값이 늘어나며 현금 유동성이 없다 보니, 결국 새 물건을 살 자금이 부족한 악순환이 계속되었다.

1976년부터 1982년까지 나는 죽기살기로 밤잠을 설쳐가며 사업 확장을 위해 혼신을 다했다. 그러나 사업은 갈수록 깊은 수렁에 빠져 나의 사업은 내리막길을 걷고 있었다. 잘나가던 사업은 그렇게 7년 만에 내 손에 빚만 남기고 대단원의 막을 내렸다.

나는 내가 해결할 수 없는 한계 앞에 야곱과 욥의 울부짖음을 떠올렸다. 형과의 갈등뿐 아니라 자신의 존재와 하나님의 뜻에 고민하던 야곱과, 모든 것을 잃고 친구들의 비난 속에서도 내가 무엇을 잘못했기에 이런 고통을 겪는가 하는 욥의 울부짖음이었다. 그것은 나의 회개보다 하나님의 응답을 듣고자 하는 절규였다.

사업이 완전히 망하고 좌절과 빚의 공포 속에, 나는 비로소 내가 하나님을 떠나 살았음을 인정하지 않을 수 없었다. 폼을 잡으며 방탕한 생활을 했고 교만하다 결국 나는 무너졌다. 고통 속에 교회에 가서 기도를 드리면 회개 기도가 절로 터져 나왔고, 다행히도 기도 후에는 지옥 같던 마음에 놀라운 평안이 기적처럼 찾아왔다. 절망의 끝에 나는 하나님과의 관계를 다시 정립하며, 좌절은 끝이 아니라 다시 은혜의 문을 열어주실 것이라는 믿음으로 다시 일어설 마음을 굳혔다.

제 5부

샌프란시스코에서의 새 출발

승부수를 던지다
타지에서의 유혹과 선택
무리한 확장과 현실의 벽
절박함이 부른 성공
냉대와 시련 속에서
의리가 불러온 고난
은행에 내린 닻
다시 마주한 풍랑
길을 잃고 길을 찾다

승부수를 던지다

내가 겪는 불행에 우울한 나날을 보내던 어느 날, 같은 업계에서 일하던 제리(Jerry)가 찾아왔다.

"샌프란시스코에서 장사해봤는데 꽤 잘됐어. 자네도 같이 가자고."

그의 제안은 의외였다. 샌프란시스코는 온화한 날씨 덕분에 가죽 옷과는 어울리지 않을 것 같았지만 제리는 자신 있게 말했다.

"여름이라도 거긴 날씨가 가죽 옷 입기에 적당해. 내 물건과 자네 물건을 합치면 승산이 있을 거야."

다른 대책이 없던 나는 고민 끝에 그의 제안을 받아들이기로 했다. 우리는 샌프란시스코 근교 데일리 시티(Daly City)의 카우 팰리스(Cow Palace)에 있는 5만 스퀘어피트(약 1,400평) 규모의 매장을 3개월간 빌리기로 계약을 맺었다. 그리고 각각 40만 달러어치의 가죽 제품을 컨테이너 두 개에 나눠 그곳으로 실어 보냈고, 직원 세 명도 먼저 파견했다.

1982년 7월 1일, 나는 무더운 시카고를 떠나 샌프란시스코 공항에 도착했다. 그런데 놀랍게도 한여름임에도 불구하고 바닷바람이 싸늘하게 불어오자, 마중 나온 직원이 두꺼운 옷을 건네며 말했다.

"여긴 여름에도 이렇게 추워요."

그 말을 듣는 순간, 나는 이곳이야말로 가죽 제품을 팔기에 최적의 장소라고 확신했다. 가죽으로 만든 옷 제품은 계절을 많이 탄다. 여름에 입기에는 덥고 혹한의 겨울에도 적당치 않다. 사계절이 뚜렷한 시카고에서 가죽 옷을 판매하는 것은 쉬운 일이 아니어서 여름과 겨울이면 매출이 급감하곤 했었다.

다음 날부터 본격적으로 일에 뛰어든 나는 넓은 매장을 활용해 직원들이 머물 숙소로 사용할 트레일러를 구입했다. 매장의 일부 공간은 창고 및 물건 비축 장소로 활용할 수 있도록 칸막이를 마련했다. 우리는 매출을 극대화하기 위해 TV와 라디오 광고를 적극 활용했고, 고급 가죽 제품을 저렴한 가격에 제공하는 특가 이벤트를 진행했다. 특히, 한 벌을 사면 한 벌을 무료로 주는 '1+1 마케팅 전략'을 도입했다. 창고에 물건을 두고 매장에 약 70만 달러어치의 가죽 제품을 진열하면서, 제리 상품과 구분하기 위해 나는 다른 색상의 가격표를 사용했다.

광고 효과는 즉각 나타났다. 첫 주 매출은 약 10만 달러를 기록했다. 높은 임대료와 광고비를 감안하면 큰 수익은 아니었지만, 샌프란시스코로의 이전 결정이 틀리지 않았음을 확인할 수 있었다. 공격적인 마케팅 전략은 초기 매출을 끌어올리는 데 중요한 역할을 했다. 그러나 사업이 점점 무르익을 무렵 예상치 못한 일이 벌어졌다.

어느 날, 매장 마감 후 직원들과 함께 문을 잠그고 나가는데, 먼저 나간 직원들이 얼어붙은 듯한 표정으로 서 있는 것이 보였다. 순간, 어둠 속에서 거친 목소리가 들려왔다.

"돈 가방 어디 있어?"

소리가 난 쪽을 돌아보니, 어둠 속에서도 선명하게 보이는 총구가 내 눈앞에 불쑥 다가왔다. 순간적으로 공포가 엄습했지만, 나는 본능적으로 돈가방을 움켜쥐고 주차장 쪽으로 달렸다.

그때, 밤에 매장을 지키는 존이 누군가 지르는 소리를 듣고 도베르만

개를 데리고 뛰어나왔다. 개는 목줄을 하고 있었지만 순식간에 강도를 향해 달려갔고 당황한 강도는 총을 쏘지도 못한 채 혼비백산하여 도망쳤다.

그제야 정신을 차린 나는 아찔함에 몸이 사시나무 떨 듯 떨렸다. 만약 그때 도베르만이 없었다면 나는 어떻게 되었을까?

매장이 있는 곳은 거의 흑인들이 거주하는 곳으로 치안이 좋지 않았다. 우리가 퇴근한 후 매장을 지킬 수 있도록 주변의 개 조련소에서 훈련된 경비견과 조련사를 채용한 것이 천만다행이었다.

그날 이후, 나는 매장을 닫는 날까지 긴장 속에 살았다. 사업에는 수완뿐 아니라 안전 문제도 철저히 대비해야 한다는 사실을 절감했다.

매일매일 객지 생활은 고달팠지만, 계절을 타는 가죽 제품도 적절한 시장을 찾으면 충분히 팔릴 수 있다는 가능성을 발견한 것은 큰 수확이었다. 샌프란시스코에서의 도전은 내 사업 방식과 사고방식을 한 단계 성장시키는 중요한 계기가 되었다. 이제 나는 이 경험을 바탕으로 또 한 번 더 큰 도전을 준비하고 있었다.

타지에서의 유혹과 선택

가죽 제품 중에서도 특히 가죽 바지가 유행하면서 많은 사람들이 즐겨 입기 시작했다. 덕분에 가죽 장사는 잘 되었고, 하루 일과를 마칠 때면 권총 강도 사건 이후 신경을 곤두세우고 들고 다니던 가방은 매출로 두툼했다. 장사를 마치면 나는 세일즈맨들과 함께 매장에서 30분 거리에 있는 샌프란시스코로 향했다. 그곳에는 저녁을 해결할 수 있는 유일한 한국 식당인 고려정이 있었다. 매일 한국 음식을 먹을 수 있다는 것도 좋았지만, 우리가 그 식당을 찾은 또 다른 이유가 있었다. 식당 아래층에서는 저녁이 되면 신나는 한국 가요가 흘러나왔고, 술을 마시며 춤을 출 수 있는 공간이 있었다. 타지 생활 속에 느슨해진 우리에게 그곳은 매력적인 장소였다.

트레일러 숙소로 돌아가 봤자 TV조차 없는 어수선한 밤이 기다리고 있었기에, 세일즈맨들이 "한 잔 하러 가시죠" 하고 유혹하면 나는 성격상 그들의 요구를 쉽게 거절하지 못했다. 사실 나 또한 그런 분위기를 좋아했기에 주말을 포함해 저녁 식사 후 술 마시는 것이 자연스럽게 루틴이 되어갔다. 그곳에서 우리는 시카고에서 온 특별한 손님으로 대접받았고, 나는 넉넉한 팁으로 그들의 환대에 보답했다.

과소비를 했다는 생각이 들 때면, 투자한 시간과 노력, 희생 그리고 감수한 위험에 대한 정당한 보상이라고 스스로 최면을 걸었다.

그 시기, 나는 비록 잠시 머물더라도 교회는 출석해야 한다는 생각에 미국 이민 교회 중 초창기 교회의 하나인 오클랜드 연합감리교회에 참석하고 있었다. 하지만 예배를 드릴 때마다 부끄러운 마음으로 회개의 기도를 드렸음에도, 교회를 나서면 유혹을 이기지 못한 채 다시 같은 생활을 반복했다. 하나님을 믿는다고 하면서도, 나는 여전히 세상의 즐거움에서 벗어나지 못하고 있었다.

3개월 계약이 끝나갈 무렵, 제리는 이번에는 시애틀로 가서 장사를 계속하자고 제안했다. 하지만 냉정하게 계산해 보니 수익보다 지출이 많았다. 경비를 제외하고 나니 내 손에 들어온 것은 그리 많지 않았다. 나는 더 이상 무리하지 않기로 마음먹고 그의 제안을 거절했다. 그러나 남아 있는 많은 재고를 다시 시카고로 가져가야 한다고 생각하니 암담했다.

시카고에는 내가 사랑하는 교회와 좋은 친구들이 있었지만, 혹독한 겨울을 떠올리니 다시 돌아가고 싶지 않았다. 사업은 어디서든 끝없는 노력과 결단이 필요했고, 감수해야 할 위험은 항상 존재했다.

온화한 기후가 마음에 들었던 나는 샌프란시스코에 정착하기로 결심했다. 남은 물건들을 창고에 정리하며, 근심 걱정과 기대가 뒤섞인 복잡한 감정으로 앞으로 이곳에서 펼쳐질 내 인생을 그려보고 있었다.

무리한 확장과 현실의 벽

샌프란시스코에 정착하기로 결심했지만, 시카고로 돌아가 해결해야 할 일들이 남아 있었다. 무엇보다 20만 달러 정도 남은 외상 대금을 회수해야 했지만, 결국 내가 시카고에 가서 손에 쥐고 돌아온 것은 겨우 500달러뿐이었다. 이제 내게 남은 것은 막대한 빚, 나는 시카고에 있던 집을 은행에 넘기는 것으로 빚을 정리할 수밖에 없었다.

그 후 나는 남은 재고를 바탕으로 다시 사업을 시작하기로 했다. 샌프란시스코는 미국에서도 가장 진보적이고 개방적인 도시 중 하나였다. 동성애 문화와 인권 운동의 중심지인 캐스트로 거리에는 무지개 깃발이 휘날렸고, 많은 사람들이 자유로운 분위기 속에서 자신의 개성을 표현하며 살아가고 있었다.

그들은 가죽 제품을 좋아했다. 나는 그들이 많이 모이는 캐스트로와 마켓 코너에 매장을 내기로 했다. 그리고 폭크와 캘리포니아 코너의 예쁜 몰, 미션과 20가가 만나는 곳, 이렇게 세 곳 모두 샌프란시스코 가게들은 고소득 전문직 종사자들이 거주하는 지역에 있었다. 그리고 오클랜드에는 16가와 텔레그래프 코너에 열었다.

사업을 하면 수익과 손실이 늘 불확실하지만, 특히 새로 사업을 시작하면 초기 투자 비용, 직원 급여, 임대료, 마케팅 비용 등 각종 지출을 감당해야 하니 예상치 못한 변수로 손실 위험이 크다. 그럼에도 다시 사업을 시작할 수밖에 없었던 것은, 다른 길이 없고 재고 정리가 되어야 했기 때문이다.

　네 가게 렌트비 3개월 치를 선불로 내고 나니 사업 자금은 빠르게 고갈되었다. 사업에서 위험 감수는 피할 수 없는 운명이지만, 실패한 경험이 있었기에 이번에는 반드시 성공해야 한다는 압박감은 나를 더욱 공격적으로 몰아갔다.

　친구 동생인 송의섭과 같이 사업을 하고 있었는데 혹시 그 친구도 오면 힘이 날까 싶어, 중·고등학교 동창이자 시카고에서 무역업을 함께 했던 송인섭을 샌프란시스코로 부르기로 했다. 그에게 왕복 비행기표를 보내주자, 샌프란시스코에 와서 둘러본 그는 자신도 이사 오고 싶다고 했다. 이주해 온 친구는 시카고에 있던 자신의 가게는 나의 처남에게 넘기고, 폭크와 캘리포니아 코너에 있던 가게를 맡았다. 하지만 가게들 상황은 점점 악화되었다. 자금 압박으로 재고가 부족해지면서, 손님들이 되돌아가는 일이 잦아지더니 결국 손님들의 발길이 끊어졌다. 나는 여러 개 사업체를 운영하며 몸이 부서져라 밤낮 없이 뛰었지만 결과는 실패였다. 나는 비용 절감을 위해 캐스트로에 있는 가게를 조카에게 넘기고, 미션 스트리트에 있던 가게도 정리했다.

　몇 년 만에 여러 개 가게를 접는 상황이 된 것이다. 오클랜드 16가의 목이 좋던 이층 가게는 마지막으로 정리했는데, 그곳은 정말 문제가 많았다. 직원들의 도둑질은 일상이고, 친구들에게 물건을 헐값에 내주는 일이 빈번했다. 매출은 오르지 않는데 빈 옷걸이만 늘어나는 기이한 현상이 계속됐다. 나는 더 이상 이 가게를 운영할 수 없다는 결론을 내리고, 그 가게 문도 닫으며 오클랜드 안에 작은 가게로 옮기게 되었다. 평생 빚쟁이로만 살 수 없기에 나는 사업이 아닌 새로운 길을 모색하기로 했다.

절박함이 부른 성공

늘어나는 빚과 계속되는 사업 실패 속에 하루하루를 버티던 나는 절실히 돌파구가 필요했다. 직장 생활을 하면 최소한 생활비라도 벌 수 있을 것 같았고, 특히 성과에 따라 수입이 달라지는 세일즈맨은 내 적성과 잘 맞을 것 같았다. 또한 잘하면 보너스도 받을 수 있을 터였다. 나는 가능하면 한국 회사보다는 미국 회사에서 일하며 제대로 세일즈를 배워보고 싶었다. 그 당시 내 마음엔 내가 어찌 한국 회사에 들어가 한국 사람 밑에서 세일즈를 할 수 있을까 하는 교만한 마음이 있었다.

신문 속 취업 광고를 꼼꼼히 살펴보던 중 토마스 크리스(Thomas Kreiss)라는 인물에게 연락하라는 세일즈 구인 광고가 눈에 띄었다. 어떤 회사인지 알 수 없었지만, 나는 사우스 샌프란시스코에 있는 그 회사를 찾아갔다. 나를 기다리고 있던 그는 나보다 젊은 한국계 미국인이었다. 나는 그가 미국식 성을 가지고 있어 영어로 대화를 시작했지만, 그는 유창한 한국어로 말했다.

"편하게 한국말로 하세요."

알고 보니 그는 보험업자로, 한국에서 미국으로 입양된 한국인이었다. 덕분에 우리는 금세 친해졌고, 그는 곧 더 좋은 보험회사인 메트로폴리탄으로 옮길 계획이라며 한두 달 후 함께 일하자고 제안했다. 한 달 후, 그는 매니저로 자리를 옮겼고 다른 대안이 없던 나는 그의 제안을 받아들였다. 그는 보험은 미국 생활에서 꼭 필요하며, 보험 일을 하면 성과에 따라 보너스도 괜찮다고 했다. 재정적으로 최악의 상황에 처해 있던 나는, 생계를 위해 절실한 마음으로 보험 자격증을 취득한 후 바로 보험 세일즈를 시작했다. 나는 보험을 시작하면서 오클랜드의 5천불이나 되는 비싼 임대료의 가게를 정리하고, 재고를 가지고 임대료가 저렴한 43가 고려촌에 있는 가게를 얻어 이사했다. 그리고 경험이 전무한 아내를 캐쉬어로 내보내며 어떻게든 버텨보려 했지만, 상황은 나아지지 않고 빚만 느는 악순환이 계속되었다.

당시 나는 아파트 보증금조차 마련할 형편이 안 될 정도여서, 간신히 버티고는 있었지만 참담한 심정이었다. 할 수 없이 나는 그에게 아파트 3개월 치 보증금과 생활비로 만 달러를 가불해 줄 수 있는지 물어보았다. 그러자 그가 말했다.

"정 선생님도 미국생활을 오래 하셨으니 잘 알겠지만, 미국 회사에는 가불제도가 없습니다. 혹시 그동안 사시면서 생명보험 가지고 계신 건 없으신지요?"

후에 말하겠지만, 나는 기적처럼 그의 도움으로 급한 집 문제를 해결하며 일에 몰두할 수 있었다. 보험 세일즈는 판매도 중요하지만 신뢰, 끈기, 전략적 사고가 필수였다. 나는 벼랑 끝에서 몇 가지 핵심 원칙을 정하고, 절박함을 동력으로 철저히 실천해 나아갔다. 첫째, 보험에 대한 신뢰 부족 해소에 집중하고, 미국 사회에서 보험이 필수라는 점을 강조, 둘째, 연령대, 직업, 경제적 상황에 맞춘 적절한 상품을 추천, 셋째, 고객과의 장기적 신뢰 관계 형성에 주력, 넷째, 보험업계 최고 수준인 MDRT(Million Dollar Round Table) 회원이 되겠다는 각오였다.

열심히 하다 보니 입소문과 고객과의 신뢰가 깊어지며, 자연스럽게 새로운 고객들을 소개받았다. 많은 사람들이 나와의 인연 또는 나를 아는 사람들과의 소개로 그야말로 그냥 들어주는 경우도 많았다. 내가 가장 어려울 때 손잡아 주신 잊지 못할 분들로, 지금도 좋은 관계를 유지하고 있다.

이러한 노력 덕분에 나는 6년간 전 세계 13,000명 세일즈맨 중 상위 10% 안에 들게 되었고, 이후 11년간 상위 10%를 유지하며 미국 전역에서 인정받는 세일즈맨으로 자리 잡았다. 나는 6년간 MDRT 회원이었는데, MDRT(Million Dollar Round Table)이란 1927년 설립된 단체로, 보험 및 금융업계에서 최고 수준의 성과를 기록한 세일즈 전문가들만 가입할 수 있는 국제적으로 권위 있는 조직이다. 매년 개인 연간 보험 판매 실적이 상위 1% 안에 들어야 가입이 가능하며 지속적인 성과를 내야 하는데, 이로 인해 나는 평생 회원 자격을 얻으며 무너진 자존심을 다시 세울 수 있었다.

MDRT 회원 수가 많은 보험회사는 고객 신뢰도가 높고 경쟁력이 강하다고 여겨지며. 그것은 보험 세일즈맨들에게는 바로 성공과 명예의 상징이었다. 그 부상으로 나는 17년 동안 회사 경비로 세계 곳곳을 여행할 수 있었다. 그때마다 다른 지역 세일즈맨들은 나를 찾아와 성공 비결을 묻곤 했다. 나는 포기하지 않고 다시 일어섰고, 절망의 순간에 하나님은 내게 새로운 길을 열어주셨다. 나는 보험 일을 하면서 수많은 소중한 인연을 맺었으니, 보험업은 내 인생을 다시 열어준 터닝 포인트였다.

냉대와 시련 속에서

　사람은 혼자 살아갈 수 없다. 우리가 살아가면서 마주하는 크고 작은 어려움 속에는 언제나 누군가의 도움이 필요하고, 실제로 그 도움을 받으며 살아간다. 보험업을 시작한 후, 나는 사람들의 삶을 깊이 들여다볼 수 있었다. 처음에는 생계를 위해 보험을 판매했지만, 시간이 흐를수록 이 일이 누군가에게 위기 속에서 실질적인 도움을 줄 수 있는 보이지 않는 울타리라는 것을 깨닫게 되었다.

　보험은 당장 필요하지 않은 불필요한 지출로 여겨지기도 하지만, 막상 예상치 못한 사고나 질병이 닥쳤을 때, 보험이 있는 사람과 없는 사람의 차이는 극명하게 드러난다. 처음에는 보험에 대해 회의적이었지만, 나를 믿고 가입해 준 고객들이 있었기에 나는 성공할 수 있었다. 그리고 그들이 만들어준 울타리가 얼마나 소중한 것인지 깨달았다.

　뜻하지 않은 사고를 당해 보험으로 경제적 부담을 해결한 사례는 수없이 많았다. 그런 순간마다 나는 보람을 느끼며 일 년에 5만 마일이라는 장거리를 뛰었다.

　나는 '세일즈맨의 성공'이 있기까지 수많은 사람의 도움을 받았다. 하지만 항상 좋은 일만 있었던 것은 아니어서, 냉담한 고객의 매몰찬 거절과 때로는 모욕적인 언사도 수없이 당했다. 단칼에 거절당하는 것은 기본이고 문전박대도 일상이었다. 어떤 고객은 아예 사람 취급조차 하지 않고, 초대받아 방문했음에도 문 앞에 세워둔 채 몇 시간을 기다리게 하기도 했다. 어떤 이는 보험 세일즈맨을 전부 사기꾼으로 취급하고 무시하며 내 자존심을 철저히 짓밟았다.

게다가 1980년대 중반, 보험업계는 큰 변화를 겪고 있었다. A.L. Williams & Associates(ALW)라는 다단계 정기보험 판매 회사가 급부상하며 전통적인 보험사들이 큰 타격을 받았다. ALW는 기존의 종신보험보다 저렴하고 보장 범위가 넓지않은 정기보험(Term Life Insurance)을 홍보하며 누구나 쉽게 보험을 판매할 수 있는 판매 시스템으로 빠르게 성장했다. 상속 계획이나 자산 보호가 필요한 사람에게는 종신보험이 더 적합했지만, 사람들은 기존의 보험 세일즈맨을 사기꾼처럼 바라보기 시작했고 한인 사회에서도 상황은 비슷했다.

어떤 때는 더 이상 보험을 팔지 말라는 훈계와 함께 욕을 먹었고, 한 번은 대걸레로 맞는 굴욕을 경험하기도 했다. 한 식당에서는 의사와 사업가가 내 명함을 바닥에 내던지며 대놓고 무시했고, 커피숍에서 오랜 시간 기다리게 해놓고 미안함 없이 무시당하는 푸대접도 여러 번 받았다.

그 외에도 참기 어려운 냉대와 멸시의 굴욕적인 상황이 오면, 나는 한국에서 인정받던 학벌과 자부심, 고생하며 쌓아온 직장 경력을 떠올리며 차 안에서 목 놓아 울곤 했다. 그때의 굴욕감은 내 삶에서 가장 아프고 쓸쓸한 경험으로, 자존심은 무너지고 공허함과 고립감을 느끼며 내 자신이 부끄러워져 울었다. 그날도 한참을 울다 보니 어떤 음성이 들리는 것 같았다.

"네가 서울대 상대 나온 것이 뭐 그리 대단하다고, 아직도 교만한 마음을 그렇게 버리지 못하느냐?"

나는 그 순간 그야말로 정신이 번쩍 들었다. 그것은 분명히 하나님께서 내게 주시는 말씀이었다.

'그렇지! 하나님께서 그토록 싫어하시는 교만을 내가 꼭 붙잡고 있었구나!'

억울함으로 흘리던 눈물은 바로 회개의 눈물로 바뀌어, 나는 가슴 깊이 우러나오는 감사 기도를 드리며 다시 일어설 힘을 얻었다. 그 일은 나의 내면에 진정한 성장을 가져다 준 중요한 사건이었다.

의리가 불러온 시련

보험업에서 성공적으로 자리 잡아가던 중, 예상치 못한 문제가 발생했다. 나는 열심히 직원들을 영입하고 교육하며 성과를 내왔고, 대부분이 MDRT 회원인 덕분에 매니저 크리스도 많은 보너스를 받았다. 그러나 그가 그 돈으로 도박을 하고 있었다는 사실을 나중에 알게 되었다. 회사 측에서도 이 문제를 알고 있었는지는 모르지만, 결국 그는 주의를 받았다. 매주 금요일 아침에는 보험 실적을 보고하는 시간이 있었다. 그런데 그날 크리스가 보이지 않았다. 그가 직접 말하지 않았지만, 해고당했다는 소문이 돌았다. 한 시간쯤 후, 나는 그가 자신의 사무용품을 박스에 담고 있는 모습을 보았다.

그 순간 가슴이 먹먹해졌다. 그는 나에게 살 곳을 마련할 길을 알려주었고, 나를 이 업계로 이끌어 준 은인이었다. 나는 그에게 다가가 우리에게 신용 좋은 직원이 7명이나 있으니 걱정하지 말라고 위로했다. 그러나 그 말이 내 인생의 또 다른 전환점이 될 줄은 몰랐다.

여러 보험 회사들이 크리스와 나를 스카우트하려고 경쟁을 벌였고, 그들은 내가 영입한 7명의 직원들도 함께 데려가고 싶어 했다. 나는 이미 잘하고 있었기에 굳이 회사를 옮길 이유가 없었지만, 크리스를 돕기 위해 의리를 지키려고 결국 회사를 옮기게 되었다. 초기 보상 패키지의 일환으로 나는 4만 달러, 직원들은 각각 2만 달러를 받고 새로운 회사인 프루덴셜(Prudential)로 가기로 결정했다.

보험업에서 가장 중요한 것은 인간관계와 애프터서비스다. 내가 새로운 회사로 옮기자 고객 소개가 끊기기 시작했다. 고객들은 기존 회사에 대한 신뢰를 바탕으로 보험을 가입했던 것이기에, 회사가 바뀌니 나를 따라오지 않았다. 나는 내 경험을 무기로 고객을 설득할 수 있을 것이라 생각했지만, 현실은 달랐다. 상품 설명만으로는 계약이 성사되지 않았다. 그때 나는 깨달았다. 보험은 단순히 '파는 것'이 아니라, 사람을 만나고, 사람의 삶을 이해하며 신뢰를 쌓아가는 오랜 관계라는 것을.

사실 나는 보험업에서 성공하면서 나의 학력 경력에 대한 교만은 내려놨지만, 내 실력으로 성공했다 싶어 점점 교만해지고 있었다. 더 높은 위치에 오를 수 있다는 자신감에 차 있었으나 현실은 달랐다. 나는 다시 초심으로 돌아가, 나 자신을 내려놓고 고객을 '보험 가입 대상'이 아닌 인생의 동반자로 진심을 다해 대했다. 그동안 나를 도와주고 신뢰해준 고객들이 한없이 고마웠다. 그리고 여기까지 올 수 있었던 것도, 이런 저런 어려움을 통해 나를 단련시키시는 분도 하나님이시라는 확신이 들었다.

은행에 내린 닻

한국에 미국 보험회사들이 진출하기 시작하면서, 나는 한국 보험 시장을 조사하기 위해 6개월간 한국에 머물렀다. 그러나 한국 보험업계는 미국과는 전혀 다른 구조를 가지고 있었다. 보험 가입 대상이 주로 교육 수준이 낮은 계층으로 한정되어 있었고, 보험에 대한 인식도 부정적이었다. 많은 사람들이 보험을 '불필요한 지출'로 여겼고, 불완전 판매와 높은 보험료 등의 문제로 신뢰도가 떨어져 있었다. 또한, 일부 보험회사에서 일어난 불공정한 판매 방식이나 과도한 광고 등의 부정적 경험들로 보험에 대해 회의적이었다.

판매 방식 또한 차이가 컸다. 보험 산업 특성상 보험의 필요성과 선택을 제대로 이해하지 못한 채 가입하는 경우가 많아, 소비자 교육과 더 투명하고 공정한 보험 판매가 중요한 과제였다. 나는 몇 달간 보험에 대한 인식을 개선하고자 노력했지만, 결국 한계를 느끼고 미국으로 돌아왔다. 그 경험을 통해 미국에 사는 한국 사람들이 보험업을 부정적으로 바라보는 이유를 이해하게 되었다.

미국으로 돌아왔지만, 내 삶은 다시 어려움 속으로 빠져들었다. 보험 판매는 점점 힘들어졌고, 고객 소개도 끊겼다. 설상가상으로 다니던 교회가 분란에 휩싸이면서, 안수집사장으로 중책을 맞고 있던 내 마음은 온통 거기에 몰두해 아무것도 손에 잡히지 않았다. 게다가 아내가 운영하던 가게까지 더 어려워져서 경제적 압박이 심해졌다.

그런 상황에서 한 지인으로부터 뜻밖의 연락을 받았다. 식당 사업으로 성공한 그 분은 아시아나 은행을 설립한 이종문 회장이 세일즈 경험이 있는 사람을 찾고 있다며 나를 추천했다고 했다. 하지만 나는 은행 경험이 전혀 없기에 망설였으나 결국 용기를 내어 인터뷰를 한 결과, 아시아나 은행의 마케팅 디렉터로 입사하게 되었다. 이후 나는 모든 인맥을 동원하여 적극적으로 예금을 유치하고, 대출에 최선을 다하며 은행 신용을 올리는데 열심이었다.

그러던 중 이종문 회장께서 교통사고를 당하면서 은행 매각을 생각하게 되셨다. 로스앤젤레스 본사를 둔 나라은행의 벤자민 홍 행장이 아시아나 은행을 방문했고, 결국 두 은행은 합병하게 되었다. 그때 나는 디렉터 직책을 맡고 있었으나, 합병 후 나라은행 내에는 내 자리가 없었다. 회사를 계속 다니려면 LA 본사로 이주해야 하는 상황으로, 당시 내 나이가 64세라 1년 후면 퇴직할 예정이니 결정이 쉽지 않았다.

고민 끝에 LA 이주가 어렵다는 뜻을 전하자, 고맙게도 회장님은 오클랜드 지점에서 1년 더 근무한 후 65세에 은퇴하는 방안을 제안했다. 그렇게 나는 1년 후인 2015년 나라은행에서 은퇴하며, 오랜 세월 치열하게 달려온 내 삶의 속도를 조절하며 웬만큼 여유를 찾을 계획이었다. 가족과 더 많은 시간을 보내고, 그동안 미뤄왔던 취미나 여행을 즐기며 마음의 안식을 찾고 싶었다. 하지만 예상과 달리, 또 다른 격랑이 나를 기다리고 있었다.

다시 마주한 풍랑

　은퇴 후, 집에서 쉬고 있을 때였다. Met Life에서 보험 일을 하던 시절, 명랑하고 친화력이 뛰어난 한 여성을 만난 적이 있었다. 나는 그녀에게 보험 세일즈를 권유했고, 그녀는 다른 보험 에이전트로 들어가 북가주에서 최고의 여성 세일즈맨이 되었다.
　어느 날, 그녀가 나를 찾아와 함께 보험 회사를 설립해보자는 제안을 했다. 그녀가 일하는 보험회사는 주택과 자동차 보험만 가능하지만, 내가 연결되어 있던 Met Life까지 포함하면 생명보험까지 취급할 수 있어 종합보험회사를 운영할 수 있다는 것이었다. 또한, 경험이 풍부하고 현재 특별히 하는 일이 없으니 사장이 되어달라고 했다. 은퇴 후 무료함을 느끼던 나는 그녀의 제안을 받아들이기로 했다. 회사를 설립한 후 얼마 지나지 않아 그녀가 새로운 제안을 했다. 운영에 도움이 되도록 회사 명의로 크레딧 카드를 두 개 만들자는 것이었다. 나는 좋은 생각이라 여기고 카드 신청서에 서명했다.
　얼마 후, 이자율이 낮아지면서 살고 있던 집의 재융자를 신청했는데, 뜻밖에도 신청이 거절되었다는 소식을 들었다. 이유는 신용 점수가 600점대로 낮아졌기 때문이었다. 깜짝 놀라 신용 조사서를 확인해 보니, 내가 모르는 크레딧 카드가 한도액까지 모두 사용된 상태였다. 그녀가 카드를 사용하고 한 번도 갚지 않고 있었던 것이다.
　나는 그녀를 찾아가 따졌지만, 그녀는 눈물을 흘리며 사정을 호소했다. 식당 사업을 하려다 법적 분쟁에 휘말려 변호사 비용을 감당하지 못해 카드를 사용했으며, 결국 패소해 모든 돈을 잃었다는 것이었다. 정말 미안하지만 갚을 방법이 없다고 했다. 이미 그녀는 파산한 상태였고, 결국 그 빚을 떠안아야 하는 상황이 되었다. 그 모든 일이 나의 무른 성격과 무관하지 않았다.

나는 문제를 해결하기 위해 애썼다. 그러던 중, LA에 사무실을 둔 변호사의 광고를 보고 상담을 받았다. 그는 부채의 30%만 내면 나머지는 탕감받을 수 있다고 했다. 나는 돈을 마련해 부채 탕감 프로그램에 가입했고, 덕분에 많은 빚을 줄일 수 있었다.

그러나, 나는 IRS(국세청)가 탕감받은 금액을 소득으로 간주한다는 사실을 몰랐다. 어느 날 IRS에서 온 편지를 열어보니 "당신이 탕감 받은 4만 여불은 소득으로 간주되며, 세금을 내야 합니다."라는 내용이 적혀 있었다. 그제야 새로운 빚이 생긴 것을 깨달았고, 이자는 눈덩이처럼 불어났다.

나는 또다시 빚더미에 앉게 되었다. 평생을 열심히 일했지만, 평생 빚을 지고 빚을 갚아야 하는 내 처지가 한심했다. 그 일은 아내와 아이들에게는 차마 말할 수 없어서 심적으로 극심한 고통 속에서 하나님께 매달릴 수밖에 없었다.

"주님, 저는 또다시 절망 속에 빠졌습니다. 이 일을 어떻게 헤쳐 나가야 할 지 지혜를 주십시오."

하나님께서는 결코 나를 포기하지 않으셔서, 또다시 생각지도 못한 방법으로 나에게 구원의 손길을 내밀어 주셨다. 하나님은 내가 다시 일어나길 바라셨고, 나는 다시 일어설 수 있는 힘을 얻었다.

길을 잃고 길을 찾다

여행이란 낯선 곳에서 새로운 풍경을 마주하고, 예상치 못한 사건 속에서 삶의 의미를 되새기는 과정이다. 나는 보험 일을 하면서 회사가 보내주는 여행 덕분에 미국 곳곳은 물론 하와이, 유럽, 그리고 여러 해외 도시를 다닐 기회가 있었다. 여행지는 관광지가 아니라 성취의 보상처럼 느껴졌고, 회사는 우리를 왕처럼 대우했다. 하지만 내 마음에 남은 여행은, 화려한 호텔이나 고급 리조트에서의 기억이 아니라 길을 잃었던 순간이다.

2018년, 보험회사에서 보내준 여행은 아니었지만 일본 오사카로 단체 관광을 갔다. 여행의 시작은 평범했다. 관광버스를 타고 쇼핑몰에 도착했고, 함께 간 일행들과 커피 한 잔을 마시기로 했다. 낯선 도시에서의 여유로운 순간, 하지만 커피 한 모금이 주는 작은 여유가 예상치 못한 사건의 서막이 될 줄은 몰랐다.

커피를 마신 후 다시 모이기로 한 장소로 돌아가려 했지만, 뭔가 이상했다. 내가 있던 곳이 약속했던 쇼핑몰이 아니었다. 사방을 둘러봐도 익숙한 풍경이 없었고, 시간은 점점 흐르고 있었다. 인적이 드문 곳, 깊은 산속 같은 풍경 안에 나는 길을 잃었다. 관광버스는 정해진 시간에 떠날 것이고, 나는 어디로 가야 할지조차 몰라 불안하기 그지없었다.

나는 "하나님, 저를 인도해 주세요"라고 기도하고 마음을 가라앉힌 후 다시 주위를 살폈다. 그러자 내 눈 앞에 아까는 보이지 않던 희미한 불빛이 새어 나오는 작은 가게가 눈에 들어왔다. 고요한 산속, 외롭게 서 있는 작은 가게는 마치 나를 위해 존재하는 듯한 착각이 들 정도였다. 문을 열고 들어가니 70대쯤 되어 보이는 할아버지가 앉아 계셨다. 나는 일본어를 전혀 못했고, 그 역시도 내 손짓 발짓을 이해하지 못했다. 그때 그의 아내가 다가오더니 영어로 말을 걸었다. 기적 같았다.

그녀는 사정을 듣더니 남편에게 나를 태워다 주라고 했다. 할아버지는 아무 말 없이 고개를 끄덕이고 차 열쇠를 들었고, 그렇게 나는 쇼핑몰로 돌아올 수 있었다. 버스는 나를 기다리며 출발 직전이었고, 나는 박수를 받으며 간신히 일행과 합류할 수 있었다.

그날 일을 생각하면 아직도 가슴이 서늘해지고 기적이란 단어를 떠올리게 된다. 그 외딴 곳에 식당이 있는 것도, 일본 할머니가 영어를 한다는 것도, 깊은 산골에서 자동차를 가지고 있는 것도, 쇼핑 몰로 데려다 준 것도 모두 모두 신기했다. 누군가를 통해 나를 보호해주신 하나님의 손길 아니면 무엇으로 설명을 할 수 있을까?

제 6부

모든 것이 은혜, 은혜

시카고 외곽 첫 한인 교회
교회를 사수하며
성도의 책임
주님은 내 삶의 주인
한글학교에서 맺은 열매
교회 분열과 수난
영적 전쟁의 중심에서
교회는 이민을 비추는 빛

시카고 외곽 첫 한인교회

내가 정착한 시카고 외곽 샴버그 지역에는 한인 교회가 전혀 없었다. 이민 오기 전 예수님을 영접한 몇몇 사람들이 뜻을 모아 한인 교회를 세우기로 했고, 우리는 성결교회 소속 한기석 목사님을 감리교회 교단을 통해 초빙하여 '새벗교회(Friendship Church)'를 시작했다.

1970년대 대부분의 초기 이민 교회가 그러했듯, 새벗교회 역시 신앙 공동체에 더하여 이민의 애환을 달래주는 역할을 감당했다. 교회는 새로 이민 온 사람들에게 정보를 제공하고, 주말이면 서로를 초대해 교제를 나누며 성장해 나갔다. 그 결과 교인도 금세 100명을 넘어서며, 모이면 웃음과 활기가 넘쳤다. 때로는 술잔을 기울이고 춤을 추기도 하며 서로를 위로하다 보니, 교인 모두 교회 참석에도 열심이었다.

나는 원래 성가대에 진심이어서, 제일 먼저 종교 음악 전문가를 초빙해 성가대를 조직했다. 곧 20명이 넘는 성가대원이 모여 우리는 화기애애한 분위기 속에 찬양을 올렸다. 하지만 내 개인적 신앙생활은 결코 경건하지 못했다. 사업상 이유로 한국에서 오는 손님들과 늦은 밤까지 어울리며 술을 마셨고, 특히 토요일 밤이면 '토요일 밤, 토요일 밤에' 노래를 부르며 새벽이 되어서야 집으로 돌아오곤 했다.

그럼에도 불구하고 학창 시절 경험한 하나님에 대한 경외심은 사라지지 않았다. 주일 아침이면 어김없이 교회로 향했고, 예배와 기도, 성경 공부에 참석하며 무엇보다 성가대를 해야 마음이 편했다. 전날 음주로 인해 성가대원들도 내가 술을 마셨다는 것을 눈치챘겠지만, 아무도 나를 나무라지 않거나 나무라지 못 했다. 왜냐하면 나는 교회 일에 누구보다 열심이었고, 성가대원 식사 대접 등 교인들과의 유대도 깊었으며, 교회의 주요 경비인 월세와 목사님 사례비 등 상당 부분을 감당하고 있었기 때문이었다.

그 시절 많은 이민자들은 미국에 가면 춤추고 파티만 하는 줄로 알아서, 실제로 어떤 사람들은 미국 오기 전 춤을 배우고 흰 양복에 흰 구두까지 준비해 오기도 했다. 나 또한 흥이 많고 놀기 좋아했기에 교회에서 수양회를 갈 때면, 전축과 레코드판을 챙겨 가서 목사님 몰래 춤을 추며 놀기도 했다. 돌이켜볼 때마다 목사님께 죄송한 마음이다.

한편, 성가대원이 30명 가까이 되자 나는 성가대를 이끌고 한국과 한인에 대해 전혀 알지 못하는 미국 사회에 우리의 존재와 문화를 알리고 싶어졌다. 목사님과 상의한 끝에, 한 달에 한 번 같은 교단의 미국 교회를 방문해 저녁 예배에서 찬양을 하기로 했다. 우리는 1년 동안 지역 곳곳의 미국 교회를 찾아가 찬양하며 한인 이민자의 존재를 알렸다. 이는 성가대원들에게도 큰 은혜가 되었으며, 이민자 정체성을 세우는 좋은 기회가 되었다.

그러나 초기 한인 이민 교회의 특징처럼, 우리 교회 역시 교인들의 단합과 유대감은 강했지만 영적 성장은 더디었다. 교회는 신앙으로 하나 될 때 비로소 부흥하지만, 당시의 이민자들에게는 신앙보다 만남과 위안이 더 중요한 의미를 가졌다. 시간이 지나면서 목사님이 하나님 말씀을 충실히 전하고, 교인들이 그 말씀을 삶 속에 실천하려는 태도를 가지면서 변화와 부흥이 일어나기도 했지만, 정작 나는 사업 번창을 핑계로 여전히 세속적인 삶에서 헤어나지 못했다. 그럼에도 불구하고 내면 깊은 곳에는 늘 영적 성장을 향한 갈망이 자리 잡고 있었기에, 주일이면 어김없이 교회에 나가 회개했다. 그러나 그때의 나를 돌아보면, 과연 내가 하나님을 진정으로 갈망했던 것인지 스스로 부끄러운 마음이 든다.

[새벗교회 전경]

교회를 사수하며

내가 사업차 샌프란시스코에 머물러 있을 때, 하루는 사업 파트너로 함께 오래 일했던 처남이 급한 목소리로 시카고에서 전화를 걸어 왔다.

"매부, 빨리 시카고로 돌아와야겠어. 14가정이 모여서 목사님 퇴진 운동을 벌이고 있어." 전화를 받은 나는 그 상황이 매우 급박하다는 것을 깨닫고, 그날 밤 바로 시카고로 가는 비행기에 올랐다. 비행기 안에서 나는 하나님께서 교회를 깨우기 위해 철퇴를 내리신 것처럼 느껴지며, 마음이 급해졌다. 당시 새벗교회의 교인 수는 100명이 넘어서고 있었다. 시카고에 도착했을 때, 특별히 가까운 친구와 그의 지인들, 일가친척들이 목사님에 대한 불만을 토로하며 새 목사를 청빙해야 한다고 주장하고 있었다. 그러나 나는 목사님이 사람이기에 완벽할 수는 없지만, 큰 흠이 없고 불의를 저지른 것도 아니라고 생각했다.

교회의 분열은 주로 개인적인 취향과 불만에서 비롯되며, 이런 일이 일어나면 교인들이 둘로 나뉘어 반목하게 되고, 이민 생활의 어려움이 더해져 그로 인한 스트레스와 부작용은 상상할 수 없을 정도였다.

나는 목사님을 지지하며 반대파를 설득하려 했지만, 의견을 좁히는 일이 쉽지 않았다. 교회가 이렇게 갈라지면 양쪽 모두 건강하게 성장할 수 없다는 사실은 자명했다. 알고 보니 목사님을 지지하는 교인은 약 70명, 반대하는 교인은 약 30명이었다. 나는 반대하는 교인들을 만나 이야기를 듣고 설득했지만 의견 차이를 좁히는 것은 어려웠다. 결국 혼란 끝에 반대파는 교회를 떠났고, 교회는 간신히 유지될 수 있었다.

그 후, 목사님은 30년 가까이 새벗교회에서 사역하시다 65세에 은퇴하시며 원로목사로서 사역을 마무리하셨다. 그 경험은 교회의 존폐가 위기를 어떻게 극복하느냐에 달려 있다는 것을 깨닫게 했다.

미주 교회들이 끊임없는 분란과 갈등에 빠지는 이유는 돈 문제, 목사님의 개인적인 성품 문제, 리더쉽 문제, 주요 지도자들의 아집, 교회의 과도한 확장 등 다양한 이유가 있다. 이런 문제들은 경험해 보기 전에는 알 수 없는 고충이다.

나는 시카고를 떠난 후에도 그곳을 방문할 때마다 반드시 목사님과 사모님을 찾아 뵙고 함께 식사한다. 그리고 나의 신앙과 방탕이 교차했던 지난날을 회상하게 된다. 이민자들이 뿔뿔이 흩어지면서 이제는 문을 닫게 된 새벗교회를 지나칠 때면, 미주 이민 후 내 믿음의 첫 현장이었던 그곳이 한 시대의 끝을 알리는 듯 하여 아쉬움을 남긴다.

나와 동갑이셨던 목사님은 내 자서전 이야기를 들으시고 기꺼이 축사를 써주셨다. 그러나 안타깝게도 목사님은 지난 2월 주님의 부르심을 받아 천국으로 소천하셨다. 나는 목사님이 믿음의 사람으로 영원한 안식에 들어가셨다고 믿지만, 더 이상 그분을 만날 수 없다는 사실은 여전히 가슴 속에 그리움을 남긴다. 그의 따뜻한 음성과 미소, 내게 베풀어주신 사랑과 신앙의 격려를 떠올릴 때마다 그가 남긴 신앙의 유산을 마음에 새기며 더욱 충실하게 살아가야겠다고 다짐한다. 목사님의 축사는 우리가 함께했던 신앙과 우정의 증거가 될 것이다.

"목사님과 함께한 믿음의 여정과 사랑을 잊지 않겠습니다."

성도의 책임

하나님과의 관계는 내 학창 시절부터 특별했다. 넘어지기도 했지만, 내 삶의 목표는 언제나 하나님께 맞추고 믿음을 지키려 노력했다. 맨 처음 샌프란시스코에 도착해서도 교회에 가고 싶어, 북가주에서 두 번째로 오래된 교회인 오클랜드 연합감리교회에 출석하게 되었다.

그때 나는 사업 실패로 힘든 시간을 보내고 있었고, 객지에서 절박한 심정으로 하루하루를 버티고 있던 때였다. 하나님께 매달리며 위로를 받고자 교회를 찾았지만, 교회가 내 기대처럼 문제를 해결해주지 못했다. 더군다나 당시 내 형편에 비춰, 골프를 즐기며 여유로운 목사님의 모습과 자유로운 교회 분위기는 내 신앙적 갈증을 해결하지 못했다. 그때 내 형편이 그렇다 보니, 나는 남의 눈에 있는 들보는 보면서도 내 눈의 티는 보지 못하는 사람이었다.

결국, 샌프란시스코로 정착 후 시카고에서 다니던 새벗교회 목사님께 상담을 드리게 되었다. 목사님은 샌프란시스코 상항 성결교회를 추천하셨고, 나는 그곳에 출석하기 시작했다. 나는 상항 성결교회에 출석하자마자 성가대에 들어갔고, 찬양을 하며 내 마음속 갈급함을 채우고 평안을 느끼며 신앙생활의 기쁨을 되찾았다.

담임 목사님인 이용원 목사님은 나보다 몇 달은 빠르지만 나와 동갑이었다. 그는 농담을 좋아해서 나와도 잘 맞았다. 단둘이 있을 때면 '형님이라 부르라'며 농담을 건네며, 우리는 신앙적으로도 인간적으로도 친밀한 관계를 맺었다. 점차 교회에 정을 붙이자 샌프란시스코도 마음에 들어 안정을 찾았고, 그 교회에서 성령의 뜨거운 역사를 경험하면서 영적으로 충만해지는 시간을 보냈다.

[상항 성결교회에서 안수집사 임직식]

1989년 1월 15일, 나는 김한주, 정원철, 정현성, 주병익, 하재구와 함께 안수집사로 임명되었다. 안수집사는 교회의 재정적, 행정적, 사회적 봉사와 섬김을 담당하는 중요한 직분이었다. 나는 '온 마음과 힘을 다해 하나님을 사랑하고, 이웃을 내 몸과 같이 사랑하겠다'는 계명을 되새기며, 기도하는 참된 예배자로 살아가겠다는 다짐을 했다. 그리고 하나님이 기뻐하시는 교회를 세우기 위해 헌신할 것을 결심했다.

교회 사역을 맡다 보니 자연스럽게 여러 교회 일에 관여하게 되었고, 내가 하던 일이 재정 일이라 교회 재정 운영에도 관심을 가지게 되었다.

재정을 담당하던 김 장로님은 연세가 많은 분으로 개인 사업을 운영하며 교회 재정을 관리하고 있었다. 하지만 그 방식은 체계적이지 않아서, 교인들이 재정을 신청하면 그는 주머니에서 교회 수표책을 꺼내 즉석에서 결재해주곤 했다. 신속하고 편리해 보였지만, 시카고에서 재무 관리 경험에 비추어보자니 우려가 되었다.

교회 재정이 감시나 승인 절차 없이 한 사람에 의해 지출되는 것은 반드시 개선되어야 한다고 생각했다. 그러나 당장 이의를 제기하지 않고 조용히 상황을 지켜보기로 했다. 그러던 중, 몇몇 집사들이 교회 건물을 페인트칠하려고 했지만 준비된 장비가 전혀 없었다. 결국 우리는 재정부장이 운영하는 사업체로 가서 재정 지원을 요청했지만, 그는 '아직 장사도 시작하지 않았는데 어떻게 돈을 줄 수 있냐'는 뜻밖의 반응을 보였다. 그는 우리를 한참 기다리게 했고, 시간이 지나도 결재를 하지 않자 우리는 교회 재정이 개인 사업과 혼용되고 있다는 의심을 하게 되었다. 이후 교회 감사를 맡게 된 젊은 송 집사와 이야기를 나누면서 재정 운영의 심각성을 더욱 깨닫게 되었다.

송 집사는 감사를 위해 서류를 확인하려 했지만, 재정부장은 그 절차를 제대로 진행하지 못하게 해 결국 송 집사는 서류를 검토하지 못한 채 사인을 하게 되었다고 말했다.

그 후 나는 교회 회의에서 재정 개혁안을 제안했다. 첫째, 지출 결의서 작성 의무화로 필요 시 담임 목사의 서명을 받아 승인 절차를 거치도록 했고, 둘째, 재정 지출의 투명성 확보, 셋째, 특정 재정 담당자의 독단적 결정 방지와 모든 교회 지출 내역 공개, 마지막으로 개인 사업과 교회 재정의 분리로 회계 관리 체계화를 주장했다.

당시 미주 한인 교회들은 이민 사회가 형성되던 초기 시기여서 교회 운영도 아직 혼란스러운 시기였다. 하지만 교회 재정이 불투명하면 교인들 간의 신뢰가 깨지고, 결국 교회 자체가 흔들릴 수 있음을 나는 알고 있었다. 결국 이 안건은 임원회의를 통과해 재정 운영 방식이 투명하게 개선되었다. 이런 경험을 통해, 교회 운영에 있어 신앙적인 책임감을 바탕으로 교회를 건강하게 세우는 것은 성도의 책임이라는 생각을 했다.

[1985년 부흥회 때]

주님은 내 삶의 주인

알라미다에서 살던 중, 하나님의 크신 은혜로 헤이워드에 위치한 작은 콘도를 구입하게 되었다. 당시 내 신용 상태는 좋지 않아 집을 구입하는 일이 결코 쉬운 일이 아니었지만, 다행히 보험 일을 성실히 해온 덕분에 조금은 희망을 가질 수 있었다. 부동산 업자는 콘도를 건설한 개발사 측에 내 상황을 설명하고, 3년 치 소득 증빙 서류를 제출하면 문제가 해결될 수 있다고 조언했다. 기대와 불안이 교차하는 나날을 보냈으나, 다행히 문제가 해결되어 우리 가족은 헤이워드의 새 집으로 이사를 하였다. 새 보금자리에 정착한 것은 큰 감사였지만, 예상치 못한 문제가 생겼다. 바로 교회까지의 거리가 너무 멀어져서 예배 참석하기가 어려워진 것이다.

[헤이워드 침례교회에서 다시 안수집사 안수받을 때]

그 무렵 헤이워드 침례교회에서 안수집사로 섬기던 대학 동기가 찾아와, 자신이 출석하는 교회로 나를 초대했다. 그는 교회가 가까워야 주일 예배뿐 아니라 교회 여러 활동에 참여할 수 있어, 신앙생활에 도움이 될 것이라고 강조했다. 동기뿐만 아니라 헤이워드 침례교회의 목사님과 다른 안수집사들도 나를 초대하며 적극적으로 권유했다. 하지만 10년 넘게 섬겨온 교회를 떠나는 것은 결코 쉬운 결정이 아니어서, 마음의 갈등이 컸다. 상항 성결교회는 나의 믿음이 성장한 곳이었고, 안수집사로서 하나님께 헌신했던 소중한 교회였다. 그곳에서 맡은 직분을 내려놓고 새로운 교회로 가는 것이 올바른 결정일지 확신이 서지 않았다.

하지만 헤이워드에서 오클랜드를 지나 베이브리지를 건너 샌프란시스코의 교회까지 가는 길은 점점 더 부담이 되었다. 장거리 운전과 교통 체증은 신앙생활을 꾸준히 이어가는 데 큰 장애물이 되었다. 결국 아내와 함께 헤이워드 침례교회를 방문해 보기로 했다.

헤이워드 침례교회는 한 가정집을 개조해 만든 아담한 교회로, 당시 약 100명 정도의 교인이 출석하고 있었다. 그날 예배는 한 안수집사가 인도했는데, 그의 진지하고 경건한 태도가 깊은 인상을 남겼다. 또한, 교회의 따뜻한 분위기와 평인힘이 느껴져 첫 방문에서부터 신앙적으로 위로를 받았다. 그런 교회라면 신앙생활에 큰 도움이 될 것이라는 확신이 들었고, 이후 여러 차례 담임 목사님과 대화를 나누며 그분의 신실한 믿음을 확인할 수 있었다. 아내와 나는 기도하며 신중히 고민한 끝에, 1989년에 교회를 옮기기로 결심했다.

우리 부부는 상항 성결교회 목사님과 성도님들을 찾아뵙고 우리 입장을 솔직하게 전하고, 새로운 신앙 공동체 헤이워드 침례교회로 가게 되었다. 교회가 가까운 곳에 있으니 주일 예배뿐 아니라, 다양한 교회 활동과 사역에도 적극적으로 참여할 수 있게 되었다. 새로운 공동체와 환경에서 새 마음으로 출발하면서, 우리는 만남과 교제를 통해 믿음을 더욱 신실하게 다질 수 있었다. 이 결정은 내 신앙생활의 큰 전환점이 되었고, 나는 이 교회에서 예배와 기도, 봉사로 하나님을 기쁘게 섬기며 믿음의 뿌리를 깊이 내릴 수 있었다. 목사님께서 침례교회에서 다시 안수 받기를 원해 안수를 받았고, 6개월 간 비디어 성서통신대학을 졸업하기도 했다. 나는 어디에 있든지 하나님의 자녀로서 교회와 세상 앞에서 그리스도를 본받는 삶을 살아가겠다고 다짐했다.

[LA 비디오 성서통신대학을 마치고]

한글학교에서 맺은 열매

 이민자의 수가 급격히 증가하면서 교회 내 아이들의 숫자도 많아졌다. 나는 아이들이 한국어를 배우고 한국 문화를 잊지 않도록 하려면 한글학교가 꼭 필요하다는 것을 절실히 깨닫게 되었다. 교회 집사님들과 여러 이사들의 도움으로 교회 안에 한글학교를 세우자 많은 학부모들이 자연스럽게 교회로 모여들었다. 그들은 아이들을 교실에 들여보낸 후 수업이 끝날 때까지 교회 뜰에 삼삼오오 모여 이야기를 나누곤 했다. 나는 그들의 시간이 아깝게 느껴졌고, 실질적인 도움을 주고 싶었다. 그래서 학부모들을 모아 회계사나 변호사 등 이민 생활에 도움이 될 만한 전문가들을 초청해 세미나를 열어주었다. 예상보다 많은 학부모들이 이 세미나를 유익하게 여겼고, 이에 대한 고마움으로 교회에 관심을 보이기 시작했다. 나는 이 기회를 놓치지 않고 자연스럽게 복음을 전하기 시작했다.
 교회에 다니지 않는 부모들이 많았기에, 그들이 한글학교를 통해 교회에 온 이상 한 영혼이라도 하나님을 만나고 구원받도록 돕고 싶었다. 학부모들 중에는 한때 교회를 다녔지만 실망하여 멀어진 사람들도 있었다. 나는 그런 시기를 겪어본 적이 있었기에 그들의 마음을 이해할 수 있었다.
 사람을 좋아하고 친화력이 있던 내게 전도는 어려운 일이 아니었다. 나는 신학적 논의로 누군가를 설득하는 대신, "교회에 한 번 와보실래요?"라는 따뜻한 초대와 친절한 관심을 전하는 방법을 택했다. 전도는 사람의 힘으로 되는 것이 아니라, 하나님의 역사로 이루어지는 것임을 알기에 나는 기도로 준비했다. 성령님께서 그들의 마음을 열어주시기를 간절히 구하며, 내 삶에서 하나님이 역사하신 순간들을 솔직하게 나누었다. 나 또한 삶이 늘 평탄하지 않았기에, 실패와 좌절 속에서 하나님의 손길을 경험한 이야기를 들려주면 학부모들은 고개를 끄덕이며 경청했다. 그렇게 신뢰가 쌓이면 나는 자연스럽게 교회로 초대했다.

처음에는 망설이던 사람들도 아이들이 한글학교를 좋아하니 교회에 오는 것이 아이들에게 도움이 될 거라는 생각에 결국 내 초대에 응하는 경우가 많았다. 그들이 처음 교회에 들어서는 순간, 나는 성가대에서 그들을 바라보며 감사 기도를 올렸다. 하나님께서 나를 전도의 도구로 사용하신다는 사실이 감격스러웠고, 때로는 하나님께 쓰임 받는 기쁨에 우쭐해지기도 했다. 그렇게 늘어난 교인들은 점차 교회 공동체의 일원이 되었고, 신앙에 회의를 느꼈던 사람들도 다시 신앙을 회복하며 교회 생활에 적응해 갔다. 거창한 설교나 계획된 접근이 아니라, 작은 친절과 따뜻한 행동만으로 교회가 성장하는 모습을 보며 새 가족 환영위원장으로 나는 더 큰 기쁨을 느꼈다. 덕분에 나는 교회에서 매년 '전도왕' 상을 받으며 교회가 500여 명으로 부흥하는데 도움을 주었다.

교회를 이전한 후에는 놀이터가 없어, 나는 꽤 거금을 들여 놀이터를 만들어주었다. 어쩌면 자신의 소중한 자녀들을 위해 한글학교를 운영하고 열심히 임했던 모습 자체가 간증이 되어, 사람들은 자연스럽게 하나님께 마음을 열었는지도 모른다. 내 삶에서 전도는 이어왔고 지금도 교회에서 전도부장을 맡고 있지만, 열정적으로 복음을 전했던 그 시절을 떠올리면 지금도 가슴 속 깊은 곳에서 뜨거운 감동이 일곤 한다.

몇 해 지나서는 교회 측에 이제 전도상을 그만 주었으면 좋겠다고 부탁할 정도였다. 나는 그 시절 전도를 통해 하나님께서 주시는 기쁨에 동참하는 특별한 선물과 축복을 받았다. 내가 뿌린 씨앗이 언제 어떻게 열매를 맺을지는 알 수 없었지만, 하나님께서는 반드시 자라게 하신다는 믿음으로 즐겁게 인도하심을 따라 한 걸음씩 나아가던 시기였다.

교회 분열과 수난

　미국의 이민 교회가 끊임없이 분열하며 진통을 겪는 데는 여러 요인이 있을 것이다. 교리나 신앙 해석의 차이, 정치적 성향과 사회적 문제에 대한 이견으로 갈등이 발생할 수 있으며, 목회자의 리더십과 스타일, 도덕성, 신학적 입장에 대한 불만 등이 교인들과의 충돌을 심화시키기도 한다. 때로는 목회자의 부정직함이나 도덕적 문제가 교회에 영향을 미치기도 한다. 교회 재정을 불투명하게 운영하거나 개인적으로 유용하는 일, 특정 성도들과의 불화 혹은 차별적 대우, 권위주의적 태도로 인해 교인들과 소통이 단절되는 문제 등이 교회의 갈등을 증폭시킨다. 또한, 성경의 가르침과 어긋나는 행동이나 영적 지도를 소홀히 하는 목회자의 태도도 분열의 한 원인이 될 수 있다.

　직분을 맡은 분들의 독선이나 아집, 편파적 생각, 그리고 때로는 지나치게 권위적인 태도는 교회 분열의 주요 원인이 되기도 한다. 또한, 일부 교인들이 자신들의 의견이나 신념이 교회의 모든 결정에 반영되어야 한다고 생각하며, 타인의 의견을 무시하거나 배척하는 태도를 취하기도 한다. 신앙의 차이를 인정하지 않고, 자신이 옳다는 고집으로 갈등을 일으키는 경우도 많다. 이러한 갈등은 교회 내에서 상호 존중이나 사랑의 정신을 잃게 만들고 공동체의 결속력을 약화시킨다.

　미주 한인 교회들이 분열하는 또 다른 이유는 교리나 신앙 해석에 대한 차이가 과도하게 확대되는 경우다. 사소한 신학적 차이를 둘러싸고 교인들 간에 불필요한 논쟁이 벌어지고, 결국 그 논쟁이 교회 전체를 흔드는 상황으로 발전하게 된다. 교회의 리더십이나 지도자들이 교회 내에서 발생한 갈등을 적절히 조율하지 못하거나, 갈등을 무시하고 방치하면서 문제가 심각해진다. 목회자나 교회 리더들이 자신의 의견이나 결정을 절대적인 것으로 간주하고, 교회 공동체의 다양한 목소리를 경청하지 않는 것도 문제다. 그로 인해 교회 내 불신과 분열이 생기면 교인들은 그 교회에 대한 신뢰를 잃게 된다.

나는 미주 한인 교회들이 이러한 이유들로 분열하는 모습을 수없이 목격했고, 때로는 그 문제를 해결해야 하는 중심에 있기도 했다. 한때 번창하며 지역 사회와 성도들의 영적 성장을 도모하던 우리 교회도 이민교회의 이러한 문제를 피하지 못했다. 문제의 시작은 가짜 뉴스로 여겨지는 소문에서 비롯되어 교회 내 갈등을 폭발시키는 계기가 되었고, 목사님은 책임을 느끼며 사표를 제출하겠다고 했으나 신자가 자신의 잘못을 고백하며 사태는 수습되었다.

하지만 곧 나 자신도 책임을 면할 수 없는 문제가 발생했다. 당시 교회 재정부장은 증권 투자로 성공한 분으로 교회에 도움을 주려는 의도로 목사님 은퇴 연금을 증권에 투자하면 최소한 8% 수익을 보증한다고 했다. 안수집사들은 고민 끝에 회의를 통해 이를 승인했고, 다행히 6개월 만에 10만 불의 수익을 올릴 수 있었다. 하지만 교회 재정을 투자 대상으로 삼은 결정이 성경적이지 않다는 비판을 받았다.

설상가상 목사님의 어떤 결정이 교회 전체로 확산되어 연판장이 돌면서 성도들 간의 불신이 깊어졌다. 교회가 붕괴될 위기에 젊은 부목사와 담임 목사 간의 갈등까지 겹치면서 교회는 점점 더 분열의 길로 치달았다. 이 일은 엉뚱하게 30대 젊은 세대와 60대 장년층 간의 대립으로 심화되며, 결국 목사님은 사표를 제출하고 교회를 떠났다. 이 과정에서 교회가 혼란스러워지자 성도들은 깊은 영적 타격을 입었다.

신앙 공동체라도 인간이 모이는 곳에는 갈등이 생길 수밖에 없다. 때로는 '믿음'은 강력한 신념이 되어 더 심각하고 깊은 상처를 주고받게 된다. 나는 사랑하는 교회에서 큰 아픔을 겪으며, 교회 분열이 공동체 전체만이 아니라 개인에게 얼마나 깊고 큰 상흔을 남기는지 절실히 경험했다. 교회 내 갈등을 해결하고 신앙 공동체를 하나로 묶는 일은 불가능했지만, 그 과정에서 나는 많은 상처와 교훈을 함께 얻었고 깊은 반성도 하였다. 그 상처는 시간이 지나도 쉽게 치유되지 않으며 각자의 삶에 큰 영향을 미친다는 것을, 그럼에도 하나님께서 주시는 회복과 화해의 길을 믿고 하나님께 의존하고 교회 안에 있어야 한다는 것을.

영적 전쟁의 중심에서

목사님이 사퇴하면서 부목사로 계시던 젊은 목사를 담임목사로 모시게 되었다. 취임식을 거행하기로 하고 신문 광고까지 나갔지만, 마침 그 목사가 시무하던 교회 교인의 어떤 사안이 안수집사들에게 알려졌다. 중대한 사안이었기에 우리는 그 소식의 진위를 먼저 확인해야 했다. 집사회의는 목사 취임식을 3개월만 보류하고 동부에 가서 직접 그 사안을 알아보자는데 합의를 보았다. 왜냐하면 침례교회 목사님은 한 번 모시면 큰 일이 없는 한 계속 시무하실 수 있기에, 취임식 전에 그 사안을 점검하고 신중하게 결정하자는 취지였다. 그때 나는 안수집사장으로 그 결정을 교인들에게 공표하고 행동으로 옮겨야 하는 위치에 있었다. 하지만 모든 일에는 다른 의견이 있기 마련이라, 나의 입장은 정말로 난처하고 어찌할 바를 모를 정도였다.

그 즈음 하루는 내가 근무하는 보험회사에서 본사로 온 나를 음해하는 이메일이 있는데 보겠냐고 했다. 나는 직감적으로 그 목사를 의심했지만 설마 하면서 나를 질책했다. 그 목사는 내가 보험을 한다니까 한 달에 25불을 내는 보험을 든 적이 있었는데, 가서 보니 불행하게도 그 목사가 보낸 메일이었다. '정지선 보험설계사는 손님들에게 나쁘게 대하고 거짓말을 하니 회사에서 쫓아내야 한다' 내용이었다. 아무리 내가 미워도 목사로서, 자신이 섬기는 교회 성도 가족의 생사가 걸린 직장에 그런 메일을 보낼 수 있었나 싶어 나는 분노가 치밀었다. 그렇게 적극적으로 누구를 비방하는 일이 교회 안에서 일어난다는 사실이 믿기지 않았다. 그런 성품을 가진 사람이 강단에 서서는 안 될 것 같아 나는 그 메일을 복사해서 교회에 돌렸다.

그러나 목사는 계획된 날에 취임식을 거행하기로 밀어붙여 그날 교회에는 초대받은 목사님들이 오시고 손님들이 축하하러 모였다. 나는 안수집사장으로 결정된 사안에 책임을 지고 많은 주위의 압박을 받으며 강단에서 행사를 멈추고자 했다. 장내가 혼란스러워진 가운데 어떻게 왔는지 경찰이 교회에 들이닥치고 성도들이 지켜보는 앞에서 나는 경찰에 의해 강제로 단에서 내려오게 되었다. 그 순간 내 마음은 갈기갈기 찢어졌고 이런 일을 해야 하고 겪어야 하는 내 자리가 너무도 참담했다. 안수집사 회의의 결정은 오해로 뒤덮였고, 그 자리는 하나님 앞에서의 공의는 사라지고 인간의 감정과 분열만 가득 찼다. 젊은 층과 노년층 간 갈등이 고조되며 성도들은 혼란과 실망으로 절망했다.

교회와 성도들의 의결기관에서 결정된 일로 책임 직분에 최선을 다했을 뿐인데, 그 결과가 치욕과 비난으로 돌아온 상황이 너무도 서글펐다. 결국 그 일로 교회는 목사와 고소까지 이르렀고, 법정은 침례교회의 최고 의결기관은 안수집사장 회의라고 판결하며 수개월에 걸린 판결에서 승소하여 목사는 떠날 수밖에 없었다. 그때 교회 결정에 환멸을 느낀 교인들이 떠났고 목사와 함께 젊은 교인들도 교회를 떠나, 교회는 반으로 쪼개져 은혜롭던 교회에 남은 사람들은 목사 없는 어려움을 겪었다.

그때 나는 보험 일을 전혀 하지 못해 생활 기반까지 흔들릴 정도로 물질적 고통과 스트레스를 받았다. 결국 그 압박감을 더 이상 견딜 수 없던 나는 마침 처조카가 천성교회 목사로 오면서 도와달라는 요청을 받게 되었고, 그 핑계를 삼아 그토록 정든 교회를 떠날 수밖에 없었다. 내가 맡은 직분 때문에 겪은 일이지만 그때 그 자리와 역할은 오해 받기 쉬운 자리였고, 돌이켜보면 그것은 나의 운명이었다고 생각한다. 훗날 일부 사람들이 내가 교회를 깬 사람으로 비난하는 것도 알게 됐다. 나는 담임 목사가 떠나면서 이미 금이 간 상태에서 그 틈을 메우고 갈라진 마음을 봉합하려 노력했다. 문제의 소지를 제거 하지 않으면, 더 큰 상처와 분열이 기다릴 것을 알았기에 어렵고도 고통스러운 선택을 할 수밖에 없었다.

한창 부흥하던 교회가 분열하면서 교인 모두 혼란과 불안을 경험하며 상실감과 배신감을 겪고 상처를 입었다. 그로 인해 교회에 대한 회의감이나 실망을 느낀 사람도 많았을 것이다. 더구나 나로서는 열심히 전도해 교인이 된 한글학교 학부모들에게 죄송하고 부끄러워 한참을 괴로워했다. 교회에서 어떤 일에 책임을 진다는 것은 공동체의 영적 성장과 화합을 이끌어가는 일로 영적, 도덕적 책임을 함께 지는 어려운 일임을 깨달았다.

그 후 교회를 떠난 아홉 가정이 모인 적이 있었다. 그 중 한 가정도 같은 교회에 다니지 않고, 모두 각자의 다른 교회에서 중책을 맡아 봉사하고 있었다. 그때 느낀 점은 비록 한 교회는 분열했지만 하나님께서는 끊임없이 흩어져 일하시게 하신다는 점이었다. 교회가 살아야 이민자들이 살아갈 힘을 얻을 수 있으며, 신앙을 통해 희망을 찾을 수 있다. 그렇기에 우리가 속한 신앙 공동체를 더욱 단단히 세우는 것은 단순한 의무가 아니라 필수적인 사명이라 여겨진다. 천성교회로 옮긴 후에도 어려움이 있었다. 당시 한국에서 청빙되어 온 목사님이 여성도와의 문제가 드러나 사임하고 귀국하는 일이 발생했다. 이에 교회에서는 나를 담임목사 청빙위원장으로 임명했고, 성도들과 함께 8개월 동안 기도하며 새 목사님을 모셔와 교회를 안정시켰다.

그 후 나는 우연히 버클리 대학에 재학 중인 한 학생을 전도하게 되었고, 그 학생을 직접 차로 태워 오가던 중 자연스럽게 버클리 대학의 한국대학생선교회(CCC, Campus Crusade for Christ) 소속 학생들 약 20여 명도 교회에 출석하기 시작했다. 젊은 학생들이 중심이 되어 찬양팀을 구성하고 활기를 불어넣으면서 교회는 부흥하는 듯 보였다. 하지만 이들이 졸업과 함께 하나둘씩 떠나면서 교회는 다시 침체기를 맞게 되었다.

[오클랜드 연합감리교회에서]

이러한 과정 중에 아내가 계단에서 떨어져 머리를 다치는 사고를 당했고, 마침 작은 딸이 자신들이 다니던 오클랜드 연합감리교회에서 우리와 함께 예배하기를 원해 지금까지 그 교회에 출석하며 신앙생활을 이어가고 있다.

교회 분열은 고통스러운 일이지만, 그것을 통해 우리는 더 깊은 신앙의 성숙을 이룰 수 있다고 믿는다. 인간의 연약함과 실수에도 불구하고, 하나님은 여전히 교회 안에서 우리가 회복되기를 기다리시며 우리를 다시 일으키시려는 계획을 가지고 계실 것으로 믿기 때문이다.

교회는 이민을 비추는 빛

2025년, 내가 오클랜드 한인 연합감리교회(Oakland Korean United Methodist Church)에 출석한 지 12년이 되었다. 이곳은 내가 샌프란시스코에 처음 도착했을 때 발걸음을 내디던 첫 교회이자, 우리 가족이 믿음의 여정을 함께한 곳이다. 시간이 흐르며 목사이던 처조카가 한국으로 돌아가면서 나는 다시 처음 자리로 돌아오게 되었다. 미주 이민은 나에게 축복이자 도전이었다. 희망과 기회를 주었지만 동시에 외로움과 낯선 언어, 문화의 벽 앞에서 고군분투할 수밖에 없었다. 그때 교회는 나에게 영적 안식처였고, 동족을 만나 고향의 향수를 달래며 하나님의 은혜를 누리는 공간이었다. 반세기 넘는 이민자의 삶을 나는 늘 하나님이 함께하시는 교회를 중심으로 살아왔다.

1914년에 설립된 오클랜드 한인 연합감리교회는 초기 한인 이민자들의 신앙 공동체의 중심이었고, 독립운동과 민족운동에 헌신했던 역사를 지니고 있다. 낯선 땅에서 살아가는 이민자들에게 이 교회는 위로와 희망의 상징이었으며, 신앙을 통해 민족의 정체성을 지키는 중요한 역할을 해왔다. 이를 기리기 위해 미주 한국인 독립운동 표석 1호가 교회에 세워졌고, 2024년에는 교회 창립 110주년을 맞아 지역 사회와 세계 선교에 더욱 헌신하자는 새로운 비전을 세웠다. 교회는 나에게 예배를 드리는 하나님과 소통의 창이고 위로의 요람이며, 이민자들을 이해하고 돕는 공동체로 새로운 땅에 뿌리 내리며 사회와 연결될 수 있도록 돕는 통로였다. 그리스도의 사랑을 실천하며 아픔을 나누고, 낯선 세상 속에서 믿음으로 살아가는 방법을 배운 곳이다.

[오클랜드 연합감리교회]

교회가 건강할 때 나는 삶의 중심을 잡고 안정된 신앙을 지키며 하나님의 자녀라는 정체성을 확인할 수 있었다. 이민자들의 필요를 채우고 상처를 어루만지며, 다음 세대를 교육하고 양육하는 것이 이민 교회의 사명인 것은 의심할 여지가 없다. 믿음의 유산을 이어가고, 하나님의 나라를 확장하는 일에 헌신하는 것이 바로 우리 이민의 선조들이 가야 할 길이라는 생각이 든다. 그러나 교회가 제 역할을 하지 못할 때 이민 공동체는 쉽게 무너지고, 교회를 떠난 이들이 혼란과 방황 속에 빠지는 모습을 수없이 목격해왔다. 나는 '교회가 살아야 이민이 산다'는 생각을 품고 있다. 교회는 이민 사회의 심장과 같아서, 심장이 건강하게 뛰어야 온몸에 피가 순환하듯, 교회가 살아 있어야 이민자들의 삶도 희망을 얻고 살아날 수 있다. 함께 예배 드리는 자녀들과 손주들, 그리고 교회의 다음 세대를 위해 나는 중보 기도를 하며 하나님의 축복을 간구한다.

예배당에 앉아 세월의 무게가 스며든 벽과 창문을 바라보며, 나는 85년이 넘는 긴 시간 동안 하나님께서 내 삶을 붙들어 주셨음을 절실히 깨닫는다. 이제 내 몸은 점점 약해지고 세상에 대한 욕심은 줄지만, 공동체 안에서 경험과 지혜를 나누며 내 영혼은 더욱 강건해지고 있음을 느낀다. 하늘나라에 대한 소망이 커져가고, 죽음에 대한 두려움보다 하나님 만날 날을 기다리는 기쁨이 커진다. 믿음은 삶을 통해 끊임없이 증명해야 하는 여정이다. 나는 여러 번 실패하고 흔들렸지만, 그때마다 하나님을 붙잡았고 하나님은 다시 나를 일으켜 세워주셔서 오늘의 나를 만들어 주셨다. 나의 신앙을 다시 한 번 새롭게 다지는 요즈음, 한 세기를 넘어 이어져 온 이 교회의 믿음의 역사처럼, 나 또한 내 삶의 마지막 순간까지 믿음을 붙잡고 하나님과 동행할 것이다.

[손수락 장로 부부, 정현섭 목사님 부부, 김광진 목사님, 우리 부부]

제 7부

기적을 보여주신 하나님

간절한 기도로 응답 받은 기도
그가 만일 하나님이라면
필요를 채워주신 하나님
막다른 길에서 기다리시며
예기치 않은 사고와 그 결말
전화위복의 기적

간절한 기도로 응답 받은 기도

대학 입학시험을 보기 전날 밤, 나는 같이 공부하던 친구에게 "나 먼저 자겠다"고 하며 이불을 뒤집어썼다. 하지만 잠을 잘 수 없었다. 긴장과 걱정, 불안감이 나를 붙잡고 있었고, 마음이 가라앉지 않았다. 내가 예수님을 처음 만난 것은 중학교 입학시험에서 낙방한 후였다. 그 당시 자존감은 바닥을 치고, 세상이 나를 외면한 것 같았다. 그런 시기에 교회를 다니기 시작했다. 두려움과 의문이 있었지만 예배와 기도는 나에게 특별한 시간이었고, 예수님께 기도를 드리면 마음은 편안해지고 안정감을 찾을 수 있었다. 그래서 대학 입학시험을 앞둔 바로 전날, 나는 다시금 주님께 의지하며 간절한 마음으로 이불 속에서 기도하기 시작했다.

"하나님, 내일 있을 시험을 위해 기도합니다. 그동안의 모든 노력과 준비가 헛되지 않게 도와주시고, 머릿속이 맑아져 배운 것을 잘 기억하고 풀 수 있도록 인도해 주세요. 지혜와 분별력을 허락해 주셔서 평안하게 시험 볼 수 있도록 도와주십시오. 저희 집은 재산도 빽도 없습니다. 그러나 주님 일을 하려면 서울대를 나와야 당당하게 할 수 있을 것 같습니다. 그러니 서울대 상과대학에 꼭 합격할 수 있도록 도와주시고, 최선을 다할 수 있도록 용기를 주세요. 주님께서 제 시험을 주관해 주실 것을 믿고 간절히 기도드립니다."

이 기도는 당시 내게 절실한 기도였다. 내 생각에 하나님 일을 하려면 좋은 학교가 유리한 조건이 될 것이라 믿었기에, 나는 시험이 다가올수록 더욱 주님께 매달리며 준비했다.

  시험 당일, 시험장에 들어섰을 때 나는 이상할 정도로 마음이 평온했다. 긴장을 해야 하는 상황이었지만 나는 전혀 떨리지 않았다. 훗날, 시험을 함께 본 친구 이영재가 내게 물었다.

  "너 시험지 받기 전에 무슨 노래를 흥얼거리던데, 그 마당에 대체 넌 무슨 노래를 부른 거냐?"

  나는 그때 노래한 기억이 전혀 없었지만, 했다면 아마도 나도 모르게 주님께 의지하며 찬송을 불렀을 것이다.

  첫 시험 과목은 수학이었다. 수학은 당시 대학 입시에서 매우 중요한 과목이었는데, 시험지를 받은 순간 나는 속으로 기쁨의 탄성을 질렀다. 시험지에는 며칠 전에 풀어보았던 문제들이 여러 개 출제되어 있었다. 시험 시간은 60분으로 나는 40분 만에 문제를 풀고, 10분 동안 점검한 후 약 50분 만에 답안지를 제출하고 시험장을 나왔다. 밖에서 나를 응원하러 온 친구들은 내가 너무 일찍 나오자 당황하며, 내가 백지를 내고 나온 줄 알았다고 했다. 그러나 나는 시험 결과를 확신하고 있었고, 알고 보니 한 문제가 틀려 100점 만점에 95점을 받았다.

  서울대학교 경제학과 합격 소식을 받았을 때, 나는 뛸 듯이 기뻤다.

  하나님께서 나의 간절한 기도에 응답해 주셨다는 확신이 들고, 나의 모든 과정을 지켜보시고 이 기쁨을 허락하신 것으로 믿어졌다. 가진 것 없어 친구 집에 얹혀 살며 믿을 곳은 주님뿐이었던 나에게 이 경험은, 기도의 기적과 하나님의 은혜를 체험하는 중요한 계기가 되었다.

그가 만일 하나님이라면

샌프란시스코에 도착한 후, 사업이 잘되지 않아 고통스러운 나날을 보내고 있었다. 생활은 점점 더 어려워지고 목돈이 절실히 필요할 때, 나는 한인 이민자들이 흔히 사용하는 전통적인 저축 방식인 계(契)를 시작하게 되었다. 계는 여러 사람이 일정 금액을 모아 한 명씩 순차적으로 목돈을 받는 방식으로, 축적된 신용이 없어 은행 대출이 어려운 이민자들에게는 유일한 재정적 해결책이었다.

그날 밤, 나는 계의 책임자로 '오야'라는 집에 곗돈을 내고 집으로 돌아가던 중이었다. 추운 날씨에 바람마저 세차서 재빨리 차에 올라 시동을 걸려는 순간, 등 뒤에 불길한 느낌이 들어 돌아보니 뒷좌석에 시커먼 흑인이 타고 있었다. 심장이 철렁 내려앉으며 '이제 끝났구나.' 싶었다. 간신히 두려움을 눌러가며 조심스레 누구냐고 묻자 그는 뜻밖에도 어수룩한 목소리로 "시카고… 어쩌고저쩌고…"라며 횡설수설했다. 당황스러웠지만 이내 그의 처지를 생각하니 동정심이 들었다. 하필이면 시카고의 혹독한 추위를 잘 아는 나로서는, 한겨울 밤 길에서 방황하는 그가 얼마나 힘들지 상상이 되었다. 히터를 세게 틀고 조수석으로 오라고 했더니, 그가 조심스럽게 자리를 옮겼다. 저녁은 먹었냐고 물으니 그는 아침 이후로 아무것도 먹지 못했다고 했다.

순간 그를 그냥 보내는 것은 하나님께서 기뻐하시지 않을 것 같아, 나는 그를 가게에서라도 자게 하려고 가게로 차를 몰았다. 그러나 가게도 춥기는 마찬가지라 방향을 집으로 돌렸다. 가는 동안 성령의 감동인지 예수님께서 비유로 말씀하신 선한 사마리아인의 비유가 떠올랐다. 강도를 만나 길가에 버려진 사람을, 오직 사마리아인만이 불쌍히 여겨 돕는 자비와 친절을 강조한 이야기였다. 이 비유는 인종이나 배경에 관계없이 도움이 필요한 사람을 도우라는 것이었다.

당시 나 역시 심적 여유 없는 매우 어려운 시기였지만, 하나님께서는 그럼에도 그를 외면하지 말라시는 듯했다.

집에 도착하자, 아내는 흑인을 본 순간 기겁을 하며 놀랐다. 몇 년 전 흑인 도둑이 집에 들어왔던 경험이 있었기에 아내의 두려움은 컸다. 나는 아내를 진정시키고 사정을 설명한 후, 그에게 음식을 가져다 주자 허겁지겁 먹은 그는 금세 꾸벅꾸벅 졸기 시작했다. 나는 그에게 이불을 덮어주고 위층으로 올라가려다 문득 위층에 자고 있는 두 딸들의 방문이 잠글 수 없다는 사실이 떠올랐다. 그날 밤, 나는 위 아래층을 오르락내리락하며 잠을 이루지 못했다.

새벽 6시 반쯤 아직도 곤히 자고 있는 그의 모습을 보자, 나는 안도의 숨을 쉬며 밤새 그를 의심하고 감시했던 것이 미안해졌다. 나는 회개하며 그가 세수할 수 있도록 도와주고 아침 식사를 챙겨주었다. 내가 운영하던 가게가 흑인 거주지역이어서 직원들 모두 흑인이라, 나는 그를 가게로 데려가 직원들에게 그가 잘 곳과 도울 방법을 알아보았다. 그들은 몇 군데를 알아봐주었고, 나는 그에게 가게에 있는 솜으로 누빈 코트를 하나 주자 그는 '회색 아닌 검은색으로 달라'고 했다. 순간 어이가 없었지만, 나는 그의 자존심을 지켜주고 싶어 웃으며 검은색 코트를 건넸다.

그 일이 있은 며칠 후, 예상치도 못한 한 사람이 찾아오더니 큰 보험 계약을 하였다. 두 사건의 연관성은 알 수 없지만, 어려운 시기를 보내고 있던 나는 자연스럽게 두 일을 연결지었다. 하나님께서 내 믿음을 시험하시고, 그 시험을 통해 내게 큰 축복을 주셨다고 느꼈다. 믿는 사람들은 종종 자신에게 일어나는 좋은 일을 하나님과 연결시키며, 그 속에서 하나님의 뜻을 깨닫곤 한다. 나도 마찬가지였다.

나의 작은 친절이 자랑이 될 수 없고 세상을 바꿀 수는 없을지라도, 나는 그것이 하나님께서 내게 가르쳐주신 사랑의 본질이라고 믿게 되었다. 그리고 그 믿음은 오히려 내가 축복받는 기회임을 깨닫게 해주었다. 하나님께서 내 삶을 인도하시며, 내가 그분의 뜻을 따를 때, 그분의 은혜와 축복은 나에게 계속 흐를 것임을 확신하게 되었다.

필요를 채워주신 하나님

오랫동안 잘 운영해 오던 보험 회사를 떠나 매니저 크리스와의 의리를 지키기 위해 나와 직원들은 새로운 회사에 합류했다. 하지만 새로운 환경에서 사업을 다시 세우는 일은 생각보다 훨씬 더 어려웠고, 시간이 갈수록 경제적 압박은 점점 커졌다.

빚을 진 사람의 심정은 경험해 보지 않으면 이해하기 어려울 것이다. 언제쯤 이 지옥에서 벗어날 수 있을까? 어떻게 갚을 수 있을까? 아침에 눈을 뜨면 이런 질문들이 떠오르고, 잠들기 전까지 이 압박감은 떠나지 않는다. 그런 심적 고통 속에 5천 달러를 꼭 갚아야 하는 상황이 왔다. 내가 다니던 보험회사는 401(k) 퇴직연금 프로그램을 운영했는데, 정확한 액수는 모르지만 그 정도는 될 것 같아 빚 해결을 위해 연금을 해약하기로 했다. 신청을 마친 후 빚진 사람에게 입금 예상 날짜로 5천 달러짜리 수표를 써주었다.

하지만 예상 날짜가 지나도 수표가 오지 않아 연락을 해보니, 내부 회의 후에나 보낼 수 있다는 답변만 돌아왔다. 나는 머리가 하얘졌다. 내가 쓴 수표가 먼저 입금되면 잔고 부족으로 부도가 날 판인데, 돈 받을 사람은 이미 내가 한 번 부도를 낸 적이 있기에 절대 일어나서는 안 될 일이었다. 나로서는 시간을 다투는 간절한 일이라 하나님께 매달릴 수밖에 없었다.

"주님, 하나님 자녀로 알려진 제가 부도를 내면 주님 영광을 가리게 될 것이니, 제발 제발 저를 도와주세요." 기도를 계속하자 내 마음은 조금씩 진정되었고, 하나님은 반드시 응답해 주실 것이라는 확신마저 들었다.

그 당시 나는 우체통 네 개가 나란히 붙은 네 집이 연결된 작은 콘도에 살고 있었다. 그날도 간절히 기도하며 우체통 문을 열자, 우체통에는 세 통의 편지가 들어 있었다. 그 중 하나에 메트 라이프(Met Life) 보험회사 로고가 보이는 순간, 나는 숨이 멎는 것 같았다. 봉투를 열어보니 그 안에는 정확히 5천 달러짜리 수표가 들어 있었다. 나는 그 자리에 주저앉아 하나님께 감사 기도를 올렸다. 하나님은 정확한 시간에, 정확한 금액을, 정확한 방법으로 보내주셨다.

누구에게는 작은 금액일 수 있고 그리 큰 일이 아닐 수도 있겠지만, 나는 이 일을 통해 하나님께서 나의 필요를 항상 채워주신다는 것을 더욱 확신하게 되었다. 하나님은 한 순간도 나를 외면하지 않으셨고, 내가 꼭 필요할 때마다 기적 같은 방법으로 채워주셨다. 그 후에도 여러 번 어려운 순간이 있었지만, 나는 더 이상 두려워하지 않았다. 왜냐하면 하나님은 절대 내가 감당할 수 없는 무게를 홀로 지게 하지 않으신다는 것을 경험했기 때문이다. 그날의 5천 달러는 하나님께서 내게 보내주신, 나를 지켜주신다는 확신과 사랑의 증거였다.

막다른 길에서 기다리시며

 사업에 실패한 후, 보험 회사에 막 입사하여 일을 시작하던 때였다. 그때 나는 아파트 월세와 공과금 등 9,500불이 당장 필요한 상황에 놓여 있었다. 만약 회사에서 만 불만 가불할 수 있다면 좋겠지만, 미국 회사에는 가불 제도가 없기에 답이 보이지 않았다. 내일이 오지 않았으면 좋겠다는 생각까지 들 정도로 어려운 상황이었다. 빚이 그림자처럼 따라다니며, 매일이 전쟁 같았다. 언젠가는 해방이 되길 바라는 희망을 놓지 않으려 애썼지만 두려움은 늘 나를 압박했다.

 그때 보험회사로 나를 입사시킨 크리스가 혹시 내가 들어둔 생명보험이 있냐며 해결책을 제시해 주었다. 나는 지푸라기라도 잡는 심정으로 1970년대 미국에 와서 처음 가입했던 보험의 해약 가능성을 알아보기 위해 에이전트를 찾았다.

 나는 미국에 온 직후 근처에 살던 형님의 권유로 5천 불짜리 생명보험과, 아는 분의 권유로 3만 불짜리, 1만 불짜리 생명보험 등 4개의 작은 생명보험을 갖고 있었다. 그 외에도 New York Life에서 근무하며 20만 불 보험도 몇 개 있었지만, 사업이 어려워지면서 다 취소하고 보험료가 얼마 되지 않은 4개만 남아 있었다. 그래서 그에게 이 이야기를 자세히 했더니 서류를 가져오라고 했다.

 그는 내 계좌를 확인하더니 현금화 할 수 있는 액수가 만 불이 된다며, 뜻밖의 기쁜 소식을 들려주었다. 나는 순간 절로 감격의 탄성이 흘러나

왔다. "Hallelujah! 여호와 이레!"

　아브라함이 하나님께 외아들 이삭을 바치라는 시험을 받고, 하나님께서 이미 대신 양을 준비해주신 것에 대해 믿음을 고백하며, 그곳을 '여호와 이레'라고 불렀다는 성경이야기였다. 하나님은 내가 완전히 막다른 골목에 있을 때마다 길을 열어주시고, 필요한 순간에 필요한 만큼 공급해 주셨다. 내가 어려운 상황에도 긍정적으로 웃으며 살 수 있던 이유는, 하나님은 나를 절대 외면하지 않으시고 내가 감당할 수 없는 무게를 결코 홀로 지게 놔두시지 않으셨기 때문이다.

예기치 않은 사고와 그 결말

처 조카가 시무하는 천성교회에 다닐 때였다.

수요 예배에 참석하러 교회에 가서 본당에 들어가기 전 전화가 왔다. 나는 전화를 받느라 아내 혼자 먼저 본당으로 올라갔는데 아내의 비명 소리가 들렸다. 놀라서 달려가 보니 2층으로 올라가던 아내가 아래층 바닥으로 추락해 누워있었다. 예배를 드리러 오던 교인들이 모여들었고, 우리는 급히 아내를 응급실로 옮겼다.

내가 다니던 교회는 주차장에서 본당으로 가려면 가파른 계단을 올라가야 하는 구조였다. 아내가 그 계단을 오르다 발을 헛디뎌 굴러 떨어진 것이다. 머리를 다친 아내는 결국 두 달 동안 병원 신세를 졌고, 퇴원한 후에도 매사에 조심해야 하는 상황이 됐다. 나는 머리를 다친 만큼, 앞으로 어떤 후유증이 있을지 몰라 초조하고 걱정과 불안이 끊이지 않았다.

그때 교인 중 한 분이 뜻밖의 조언을 하셨다. 머리는 언제든 어떤 증상이라도 나타날 수 있으니 안전을 위해 고소를 고려해보라는 것이었다. 나는 보험 일을 하고 있었지만, 교회를 상대로 고소를 한다는 것이 신앙적으로도 인간적으로도 옳지 않은 일처럼 느껴져 마음에 걸렸다. 하지만 그분은 이 일은 교회를 상대로 하는 것이 아니라, 교회가 가입한 보험에서 보상을 받아 미래를 예비하는 일이니 교회에 절대 피해 주는 일이 아니라고 했다. 그 말에 용기를 얻어, 잘 알고 지내던 김준수 변호사에게 이 사건을 의뢰했다.

수임을 맡은 김 변호사는 교회 층계를 면밀히 조사하더니, 돌아가는 교회 층계 구조가 사고 유발 가능성이 크다고 했다. 층계는 돌면서 점점 계단 폭이 줄어드는 방식이었는데, 이것이 균형 잡기 어렵게 만든 요인이었다. 그는 층계 폭을 자로 재고 모든 검사를 마친 뒤, 설계상 문제가 있다는 것을 확인한 후 승산이 있다고 했다. 그의 확신 어린 말에 나는 아내 건강이 염려되던 차에 한결 마음이 놓였다.

소송이 진행되면서 김 변호사는 보상이 확실할 거라고 했다. 그 말을 듣고 나는 변호사 도움으로 이자가 높았던 IRS 빚과 기타 다른 빚을 먼저 정리할 수 있었다. 시간은 걸렸지만 결국 우리는 보험회사로부터 보상을 받아, 아내의 후유증에 대한 걱정과 경제적 부담을 덜 수 있었다. 그때도 주님은 내가 상상조차 못한 방법으로 내 삶을 주관하시며 나를 살리시려고 일하셨다. 아이러니하게도 아내의 사고는 오히려 전화위복이 되었다. 아내도 점차 회복되었고 우리는 우리를 짓누르던 빚으로부터 벗어나 살 길을 찾게 되었다.

이 일을 기적이 아니면 무엇이라고 불러야 할까? 그러니 나는 어찌 주님을 떠나 살 수 있으랴? 그 후로도 아내의 건강을 걱정했지만, 다행히 아내는 큰 문제 없이 회복되었고 하나님은 특별한 방법으로 우리를 해방시켜 주셨다. 아멘! 할렐루야!

🕊 전화위복의 기적

[2003년 데이비스 심포니 홀에서 이민 100주년 기념 공연을 마치고
왼쪽부터 이정순 한인 회장, 샌프란시스코 총영사, 이종문 회장, 저자]

    2000년 나는 샌프란시스코 매스터 코랄에 단장으로 합류했다. 얼마 후 고등학교 후배인 홍명의 지휘자가 거리가 멀어서 지휘가 어렵다고 하여, 마침 한국에서 미국으로 이주한 지휘자를 영입해 그가 합창단 지휘를 맡았다. 2015년은 합창단 창단 25주년이라, 합창단에서는 샌프란시스코 데이비스 심포니 홀에서 다시 한 번 연주회를 열기로 결정했다.

    그곳은 2003년 이민 백주년 기념연주회를 성공적으로 개최했던 곳으로, 우리는 공연장을 예약하고 본격적인 연습에 들어갔다. 한국의 유명 합창단인 윤학원 코랄과 협연하기로 합의한 후, 각 합창단이 독립 무대를 가지고 마지막 무대는 연합 공연을 하기로 계획을 세웠다.

그런데 어느 날, 지휘자가 연주회를 성사시키기 위해서는 15만 불의 선금이 필요하다고 했다. 합창단에는 물론 그만한 재정적 여유가 없었고, 후원자에게 부탁한다고 해도 말이 안 되는 엄청난 액수였다. 내가 이 요구를 받아들일 수 없다고 한 후로는 지휘자와는 거의 대화를 나누지 않게 되었다. 결국 지휘자는 "내가 떠나든, 당신이 떠나든 둘 중 하나를 선택하라"고 압박했다. 연주를 얼마 남겨두지 않은 상황에서 지휘자가 없으면 공연 자체가 불가능했기에, 나는 15년을 몸담았던 합창단을 눈물을 머금고 떠날 수밖에 없었다.

그 사태 이후, 김억희 준비위원장과 이사회, 그리고 임원들이 개입하여 데이비스 심포니 홀에서의 정기연주회를 취소하기로 결정했다. 그러자 지휘자가 사퇴를 했고, 이미 각 신문사, 잡지, 방송을 통해 홍보한 상태였기에 취소 사실을 알리기 위해 나는 다시 언론사들을 찾아다니며 취소 공지를 했다. 그 일이 있은 지 며칠 후, 이종문 회장님께서 한국 신문을 보시다 합창단 연주회 취소 소식을 접한 후 연락을 주셨다.

그분은 특별히 문화 예술에 대한 애정이 깊으셔서, 1600만 달러라는 거액을 기부해 샌프란시스코 마켓 스트리트에 '아시아 미술관 - 이종문 아시아 문화 예술 센터'(Asian Art Museum Chong-Moon Lee Center for Asian Art & Culture) 건립에 공헌하신 분이다. 그 분은 2003년 이민 백주년 연주회 때도 후원해주셨는데, 왜 연주회를 취소했냐고 물으셨고 나는 그동안의 일을 설명드렸다. 이야기를 다 들으신 회장님은 합창단 발전을 위해 무엇이 필요하냐고 물으셨고, 나는 평소 생각하던 바를 말씀드렸다. 그 당시에는 정기 후원자가 없었다.

"합창단이 더 좋은 음악을 만들려면, 각 파트에 전공자 한두 명을 배치해 이끌어 갔으면 합니다. 그렇게 하면 전체 합창 소리가 훨씬 좋아질 것입니다."

그 말씀을 들은 회장님은 참 좋은 생각이라고 하시며, 그 자리에서 2만 불짜리 수표를 써주셨다. 그리고 자신이 잘 알고 있는 윤두섭 회장에게도 후원을 요청해보라고 조언하셨다. 나는 용기를 내 대학 동창이며 빅트론이라는 대기업 회장이던 윤두섭에게 연락 하자 그도 흔쾌히 후원을 약속했다. 또한 고등학교 후배로 북한의료 선교사업을 위해 헌신하는 이재민 대표도 동참해 주어, 나는 갑자기 든든한 후원자 세 분을 얻게 되었다. 그 분들의 후원 덕분에 그 후 샌프란시스코 매스터 코랄은, 매년 오케스트라와 함께 깊은 울림을 주는 감동적인 공연을 선보이며 한 단계 성장할 수 있었다.

15년 동안 헌신했던 합창단을 떠나야 했던 상황은 힘들었지만, 오히려 이종문 회장님의 도움으로 전화위복이 되어 합창단은 더 큰 발전을 이루게 되었다. 이처럼 하나님은 인간이 상상할 수 없는 방법으로 관여하시며, 훨씬 더 좋은 길을 열어주셨으니 나는 이 모두를 기적이라고 인정하고 감사드릴 수밖에 없다.

[2003년 미주 이민 100주년 기념 공연]

[2023년 정기연주회]

[2024년 정기 연주회]

제 8부

이민 공동체와의 여정

하모니로 채운 나의 25년 찬가
한글로 밝힌 배움의 등불
한반도 평화통일을 꿈꾸며
신앙과 삶의 지혜를 나누는 공동체
빛과 소금이 되기를 다짐하며
시간을 초월한 유대와 힘
추억으로 가는 오랜 동행
그린 위 24년 건강 라운드
'두리하나' 되는 사랑의 다리
국민훈장 석류장 수여

하모니로 채운 나의 25년 찬가

샌프란시스코 매스터 코랄(SFMC)의 시작은 1989년 지휘자 김성범을 포함한 김현수, 김희숙, 나영태, 나미화, 지재현, 김지현, 박희정, 서순희 등이, 처음에는 '교회'라는 뜻의 '에클레시아(Eclecia)'라는 이름으로 창단한 합창단이다.

하나님을 찬양하는 목적으로 설립했다. 설립 이후 SFMC는 정통 합창음악의 깊이 있는 해석과 탁월한 화음으로 인정받으며, 한인 교포 사회의 문화 활동을 선도해왔다. 1993년 캘리포니아 주정부 비영리 단체로 등록되었고, 1996년 현재 이름으로 변경된 후 매년 정기 연주회를 개최하며 지속적으로 발전해왔다. 또한, 1999년 샌프란시스코 시장 윌리 브라운은 SFMC의 문화 기여를 공식적으로 인정하며 'San Francisco Korean Master Chorale Day'를 선포했다.

SFMC는 샌프란시스코뿐 아니라 새크라멘토, 산타로사, 몬트레이, 프레즈노 등 여러 도시에서 연주회를 개최했고, 2001년에는 워싱턴 D.C., 필라델피아, 뉴욕 등에서 순회 연주회를 성공적으로 마쳤다. 그 해 12월에는 9.11 참사 희생자들을 위한 자선 음악회를 열어 성금을 전달하며 음악을 통한 사회적 메시지를 전하기도 했다. 이후에도 북한 의약품 지원 자선 연주(2017년), 탈북자 교회 개척 후원 연주(2018년), 한국전 참전 용사를 위한 연주 등 사회적 의미를 담은 연주 활동을 지속했다.

특히 2003년은 미국 한인 이민 100주년을 기념하는 해로, SFMC는 이 기념 행사에 동참하여 135명의 합창단과 오케스트라가 함께 장엄한 연주회를 개최했다. 이 연주는 샌프란시스코의 대표적인 문화 아이콘인 데이비스 심포니 홀에서 열렸고, 베토벤 교향곡 9번 '합창'과 안익태의 '코리아 판타지'가 연주되었다. 특히, 안익태 선생이 1930년 미국 유학 길에 샌프란시스코 한인 연합감리교회를 방문했던 역사적 배경과 맞물려 이 연주는 한인 이민 사회에 큰 감동을 선사했다.

2,300명의 관객이 객석을 가득 메운 가운데, 지원을 아끼지 않으셨던 이종문 회장님께서도 연주 후 가장 먼저 기립박수로 합창단의 노력에 감사의 마음을 표하셨다. 가장 최근인 2024년에는 창단 35주년 기념 공연을 San Mateo Performing Arts Center에서 개최했다. 60여 명의 단원이 지휘자, 반주자와 하나가 되어 웅장한 무대를 선보였고, 소프라노,

테너, 바리톤 솔리스트들과 함께 성가곡과 현대 창작 가곡을 연주해 교민들은 열렬한 찬사를 보내며 큰 감동을 받았다. SFMC의 음악적 가치를 다시 한 번 확인하는 자리였다.

[안현수 이사장을 맞이하며]

[2024년 정기 연주회를 마친 후 이종문 회장님과]

SFMC에는 20년 이상 활동한 단원들이 많은 이유는, 합창이 단순한 음악적 활동을 넘어 신앙과 정서를 나누고 화음을 통해 위안을 받는 시간이기 때문이다. 매주 월요일 7시 기도로 시작하는 합창 연습을 통해 단원들은 세상 속 근심을 잠시 내려놓고 평안을 찾는 경험을 한다.

SFMC가 '교포 사회의 문화재 1호'로 불리며 한인 사회의 문화 활동을 선도할 수 있었던 이유도, 35년간 한결같이 수준 높은 무대를 지속해온 단원들과 후원자들 덕분이다. 또한 공연마다 수백 명의 관객, 이사들, 지휘자, 반주자의 혼연일체가 그 기반이 되어왔다. 이 자리를 빌어 후원자이신 이종문 회장, 윤두섭 회장, 이재민 대표 세 분과, 안현수 이사장 및 과거와 현재 이사들(송인섭, 이건영, 김정수, 정규범, 김건근, 손수락, 이정순, 민혜경, 스텔라 장, 카니 리), 지휘자들(김성범, 박원돈, 정민선, 홍명의, 이종헌, 조영빈, 김현, 김종진, 최승암), 반주자들(김란, 에스더 장, 정혜란, 전혜경, 장승아, 유현정, 원아정, 안영실)께 깊은 감사의 마음을 전한다.

SFMC와 함께 한 지도 어느덧 25년이 흘렀다. 그동안 나는 베이스의 자리를 지키며, 울려 퍼지는 합창 소리에서 매번 음악이 지닌 힘을 실감하곤 한다.

50명이 넘는 단원들이 각각의 목소리로 다른 파트 리듬 속 차이를 포용하고, 하나로 합쳐 하모니를 이룰 때 나는 매번 큰 감동을 받는다. 물론 단장으로서의 책임은 결코 가볍지 않았지만, 열정으로 나눔과 배려를 실천하는 단원들의 노력으로 우리는 조화롭게 긴 시간을 함께 이어왔다.

2026년, SFMC는 아름다운 선율과 그 역사를 바탕으로, 2003년에 연주했던 샌프란시스코 데이비스 심포니 홀에서의 공연을 계획하고 있다. 바라건대 앞으로도 SFMC가 한인 합창단의 자부심을 이어가며, 이민자들에게 사랑과 위로, 희망의 메시지를 오래오래 전할 수 있기를 기도한다.

한글로 밝힌 배움의 등불

이민자로서 시간이 흘러도 변하지 않는 것이 있다면, 그것은 말과 글에 담긴 우리의 정신이다. 그러나 시간이 지나면서 익숙했던 언어가 점점 잊혀지고, 2세들이 한국어를 서툴게 말하거나 이해하지 못하는 모습을 보면 마음 한편이 허전했다. 사실 그보다 더 두려운 것은 우리의 후손들이 한글을 잊고 자신의 뿌리를 모르는 사람이 되는 것이었다. 한글을 잊는다는 것은 언어 문제만이 아니라 우리의 정체성과 역사, 그리고 한민족으로서의 자긍심을 잃어가는 일이다. 그래서 나는 한글학교를 세우는 일이 교육의 문제가 아니라, 이민자로서 반드시 감당해야 할 사명이라고 생각했다.

헤이워드 침례교회로 옮긴 후, 목사님께서 사업 경험이 있다는 이유로 나에게 출범을 준비 중이던 한글학교를 직접 운영해보는 것이 어떻겠냐고 제안하셨다. 여러 논의 끝에 1992년 5월 26일 내가 준비위원장이 되어 뜻을 모은 우영민, 배영진, 구자웅, 우상춘, 김용석이 263 Hampton에 있는 헤이워드 침례교회에서 한글학교 개설을 위한 준비위원회를 구성했다. 당시 공식 한글학교는 샌프란시스코의 상항 한국학교와 산호세 지역의 실리콘밸리 한국학교 정도였고, 일부 한인 교회에서 주말 한글 수업을 운영하는 것이 전부였다. 학교 명칭과 구조에 대해 논의하던 중 김영정 집사가 '헤이워드 한국학교'라는 이름을 제안했다. 첫해 180명의 학생을 모집하며 학교를 시작했다.

[세종 한국학교 교실에서의 딸 모습]

초창기에는 모든 것이 부족했다. 정부의 지원도 없었고 교재도 충분하지 않았다. 학교 운영을 위해서는 한인 사회의 후원이 절실했지만, 당시만 해도 한글 교육에 대한 관심이 지금처럼 높지 않았다. 재정적 어려움을 해결하기 위해 나는 처음으로 이사회를 구성하고 이사장을 맡았다. 10명의 이사를 모아 이사회비를 받으며 학교 운영에 박차를 가했다. 학생 정원은 200명 정도를 목표로 했으나, 문제는 학급 운영이었다. 한 반에 학생이 10명을 넘으면 아무리 유능한 교사라도 수업이 원활하지 않을 것이었다. 이민 2세들의 한국어 실력은 나이가 아니라 개별적인 차이가 컸기 때문에, 우리 학교는 한 반당 5명 정도를 기본으로 하고 최대 정원을 10명으로 제한했다. 또한, 다른 한글학교처럼 교사들에게 무보수가 아니라, 시간제로 정당한 보수를 지급하며 교사들의 헌신을 보상했다.

학교는 학부모와 지역사회의 한마음 후원 속에서 점점 성장했다. 한국어뿐만 아니라 한민족의 문화와 정신을 가르치는 데에도 중점을 두어, 웅변 대회, 태권도 수업, 백일장, 사생대회, 전통놀이 체험, 체육대회, 한국 음식 만들기 등 다양한 활동을 통해 아이들이 한국 문화를 자연스럽게 익힐 수 있도록 했다. 나는 당시 다른 한글학교들과 협력하며, 학교가 민족학교로 성장할 수 있는 방안을 찾으려 했으나 현실적으로 이루어지지 않아 교회 내 운영 형태를 유지해야 했다. 교재도 부족해 사비를 들여 구입해야 했다.

다행히 학교 운영이 안정화되면서 다양한 활동과 기념행사를 통해 한인 사회의 중심적인 교육 기관으로 자리 잡았다. 1993년 개교 1주년을 맞아 학부모와 함께하는 체육대회를 열었고, 9월에는 '무지개'라는 교지를 창간하여 학생들의 글과 그림을 담았다. 1995년에는 학부모 회장단을 구성하여 운영을 체계화했고, 같은 해 11월에는 첫 골프 대회를 열어 기금을 마련했다. 1997년 나는 제2대 교장으로 취임하며, 체육대회와 학부모 모임을 더욱 확대하고 학급 수도 크게 늘렸다. 1998년 학교 명칭을 '세종 한국학교'로 변경하고, 제1회 교사 연수를 개최했다.

1999년 제2회 학교 운영기금 모금 디너파티와 제4회 건축기금 마련 골프대회를 열었다. 2002년 학생 수 증가로 교실이 부족해져, 트레일러 3개를 구입하여 총 14개 교실을 운영했다. 2005년 헤이워드 2472 La Playa Pl.에 새로운 건물로 확장 이전했고, 2008년에 나는 재미한국학교협의회로부터 '20년 장기 근속 교사' 표창을 받았다. 세종 한글학교는 팬데믹 이후에도 온라인 교육을 적극 도입해 한글 교육을 지속하고 있다.

세종 한국학교는 한인 후손들의 뿌리를 지켜주는 버팀목으로, 아이들이 한국어를 배우며 부족하나마 부모와 조부모와도 대화가 가능해졌다. 또한, 이중 언어 능력은 미국 사회에서도 큰 장점이 되어 취업 시장에서 경쟁력을 높일 수 있고 한국을 세계적으로 알리는 기반이 된다. 졸업생 중에는 한국어 교사가 된 이도 있고, 국제 비즈니스 분야에서 한국과의 교류를 담당하는 역할을 맡은 이들도 있었다. 한국 유학을 결심하거나 한류 영향으로 한국에서 직장을 구한 이들도 많았다.

기억이 나는 대로 한국학교 운영에 헌신한 분들에게 감사를 드린다. 이사장(이기혁, 정지선, 윤무수, 이광용 외), 교장(한창선, 정지선, 정숙자, 장두수, 이미란, 정정자, 정해천, 박성희 외)의 초창기 사명감 덕에, 설립된 지 30년이 넘은 세종 한국학교는 여전히 한글 교육의 명맥을 이어가고 있다. 수많은 교사와 학부모들의 헌신 덕분에 많은 학생들이 이곳을 거쳐 갔다. 이 학교가 존재하는 한, 우리의 말과 문화는 사라지지 않을 것이며 우리의 정체성을 다음 세대로 이어주는 소중한 역할을 담당할 것이다.

[정정자 교장과 아이들]

[초대 한글학교 한창선 교장과]

한반도 평화통일을 꿈꾸며

이민자들은 고국의 음식, 언어, 전통을 그리워하며 늘 애틋한 마음을 품고 산다. 고국의 성취나 긍정적인 뉴스를 보면 자부심을 느끼고, 문제가 발생하면 본국의 사람들보다 흥분하며 애국심으로 이어진다. 고국을 떠난 지 수십 년이 되었어도 한국 정치에만 관심을 갖는 사람들이 많은 것은 아마 그 때문일 것이다.

나는 그런 마음으로 2002년 제10기 민주평화통일자문회의(이하 평통)에서, 이정순 회장을 도와 이석찬, 정 에스라와 함께 부회장으로 활동하였다. 평통은 대한민국 대통령 직속 자문 기구로 한반도의 평화적 통일 촉진을 위해 설립된 기구다. 미국에서의 평통 활동은 한인 사회와 미국 사회를 연결하고, 한반도 평화 통일의 필요성을 알리며, 교육과 토론을 통해 공감대를 형성하는 일이었다. 세미나와 강연을 통해 한인과 미국인들에게 통일 비전을 전하고, 한국의 발전과 미래를 위한 의견을 모았다. 프루덴셜 보험회사에 일하던 때로 나는 권욱순 위원장이 속한 교육분과 위원으로 한 파트를 맡아 일했다.

2002년 6월, 평통 주최로 샌프란시스코 Herbst Theatre에서 제1회 통일 음악회를 개최했다. 이 음악회는 남북 정상의 8.15 남북공동선언 2주년을 기념하는 공연으로, '그리운 금강산', '한 오백 년' 등의 음악으로 그날은 국경을 넘었다. 바리톤 한규원과 테너 이흥복의 독창이 장내를 가득 채웠고, 북한 귀순 가수 김혜영의 노래로 우리는 하나가 되어 음

악으로 통일을 이루었다. 이 행사를 위해 조종애 준비위원장이 수고했으며, 통일 사업 자금 모금 골프대회를 열었을 때는 100여 명이 참석하여 성황리에 마쳤다. 그때 김진배 위원은 처음으로 평통 수첩을 만들어, 평통위원들의 한국과의 교류를 위한 연락처 기반을 마련해주었다.

평통 활동 중 큰 일 중 하나는 매년 한국을 방문해 회의에 참석하는 것이다. 2003년에는 3월17일부터 20일까지 91명의 위원이 평통 지역회의 차 한국을 방문했다. 참석률이 85%여서 역대 미주 평통 참석자 중 가장 높은 수치를 기록했다.

임원들의 봉사와 리더십이 돋보였던 10기로 홍보분과, 등 각 분과별로 열심을 다해, 역대 기 중 가장 활발하고 적극적인 기로 한국 대통령의 표창을 받는 기염을 토했다.

조찬 모임으로 시작해 장관 등 한국 인사들의 보고와 강연, 브리핑 등 바쁜 프로그램과 역사 강의 등 교육적 순서가 저녁 만찬까지 연일 이어졌다. 우리는 여러 회의에 참석해 한국 정치와 통일 문제를 조명하였고, 청와대에서 김대중 대통령을 만나 통일에 대한 소신을 들었다. 북녘이 보이는 도라산 전망대에 오르니 가슴이 뜨거워졌다. 북쪽으로 뻗어 있는 철로를 바라보며, 언젠가 이 기차를 타고 남북을 자유롭게 오갈 수 있기를 간절히 기원했다. 오두산 전망대에서는 조만식 선생의 동상을 보며 그가 품었던 통일의 꿈을 되새겼고, 4만 5천 명이 들어가는 월드컵 경기장을 방문하고는 세계 속에 우뚝 선 한국의 위상을 실감했다.

그때 홍보분과 정경애 위원장은 모든 기록을 카메라에 담느라 수고하였다. 자매결연을 맺은 속초 방문을 위해 강원도 도지사는 버스를 보내주어, 위원들은 춘천에서 하룻밤을 묵으며 한국의 정취를 만끽했다.

나는 평통에서 10기에 이어 11기까지 2년 동안 재미있게 활동하였다. 사실 나는 정치적인 활동을 선호하지 않았으나, 미주 한인 상공인 대회에 한국 상공인 명예 이사장 자격으로 참석한 고등학교 2년 후배인 김덕용 국회의원이 오면서 관여했던 것이다. 그때 우리는 '21세기 국가 경영 연구회'를 조직해 활동하기도 했다. 그 시간 동안 나는 한국의 남북 상황에 대해 많은 것을 알게 되었고, 많은 사람을 만났으며, 한반도 평화와 통일에 대해 열정을 품게 되었다. 함께 한 위원들은 여행을 마치자 헤어지기 아쉬워 동창회를 만들어 함께한 시간들을 잊지 않기로 했다.

평통 연말파티에서 내가 사회를 봤는데, 우리는 늦게까지 이야기 꽃을 피우며 그동안의 활동 의미와 추억을 되새겼다.

아는 만큼 보인다고, 평통 경험 이후 나는 한국에 어려운 소식이 들리면 촉각을 곤두세우며 고국을 향한 사랑이 깊어졌다. 우리는 같은 핏줄이고 같은 역사를 품고 있는 한민족이기에, 언젠가 통일이 이루어지길 기도한다. 기차가 국경 없이 한반도를 가로지르고 이산가족이 만나는 날, 조국의 아이들이 전쟁의 두려움 없이 평화롭게 살아가는 날, 그날을 위해 나는 여전히 기도한다. 그리고 오늘도 태평양 넘어 고국을 향해 짝사랑 눈짓을 보낸다.

[21세기 국가 경영 연구회 북가주 지회 창립식]

[나를 평통으로 이끈 김덕룡 국회의원과]

신앙과 삶의 지혜를 나눈 공동체

배움에는 끝이 없고 나이는 장벽이 되지 않는다. 어린 시절에는 지식을 쌓고, 젊은 날에는 세상을 익히며, 나이가 들면 지혜를 배운다. 그리고 그 길 위에서 우리는 신앙을 통해 참된 삶의 의미를 발견한다.

이스트베이 평생교육원은 2014년 11월 5일, 한인 이민자들이 신앙을 나누고 삶의 지혜를 배우며 서로 격려하는 따뜻한 사랑방으로 창립되었다. 매월 셋째 주 목요일, 버클리 시온장로교회에서 예배와 신앙 강좌, 친교 시간을 가지며, 성장과 나눔의 공동체로 자리 잡았다. 창립 초기에는 감리교 신학대 총장 김홍기 목사와 자연식품 연구가 노병옥 장로의 강의가 있었고, 그들은 몸과 마음, 그리고 신앙의 균형이 얼마나 중요한지에 대해 전했다.

2015년 7월, 주 샌프란시스코 한동만 총영사는 '한반도 정세와 우리의 통일외교'라는 주제로 강연하며, 한반도의 평화로운 통일을 위한 동포 사회와 미국 주류 사회의 의지가 얼마나 중요한지를 강조했다.

2017년, 평생교육원 창립 3주년을 맞아 금문장로교회 조은석 목사는 '성경에 비친 통일 한국'을 주제로 강연했다. 신앙이 개인의 차원을 넘어 민족과 역사 속에서도 실현되어야 한다는 내용이었다.

1년 후, 창립 4주년 때는 오관진 목사가 오병이어 기적을 통해 "초월적인 믿음으로 살아야 한다"고 강조했다. 이 메시지는 많은 이들에게 용기를 주었고, 이날 예배에는 글로리아 앙상블(단장 원서성)의 찬양 연주와 김명호 전도사의 축사가 이어졌으며, 이후 정태영 박사의 '성만찬의 이해' 특강이 진행되었다. 설교가 선포된 말씀이라면 성례전은 성육신 사건을 보여주는 것이라는 깊은 통찰의 말씀이었다.

2019년 5월 신태환 목사 사회로 열린 봄학기 개강식은 김창년 장로의 기도와 조영구 목사(오클랜드 피스토스교회)의 '목적을 이끄는 삶' 제목의 설교로 진행됐다. 이날 최승암 목사는 코로나19로 어려움을 겪고 있는 조국과 미국을 위한 합심 기도시간을 가졌다. 가을 학기에는 조명현 목사(이스트베이 제일침례교회)가 '약함의 은혜'에 대해 말씀을 전했으며, 윤종대 장로는 '미국의 빅딜'에 대해 강의했다.

2020년 2월, 이상백 신임 회장이 취임하며 평생교육원이 신앙 강좌뿐 아니라 기독교 인문학의 장이 되어야 한다고 선언했다. 그는 신앙과 배움이 실천으로 이어져야 하며, 은퇴 후 이민자로서 이 모임이 지혜를 배우는 공간이 되어야 한다고 강조했다. "기억력으로 배우는 시절을 지나, 사고력과 이해력으로, 은퇴 이후에는 지혜로 살아야 한다"는 그의 말은 교육 방향에 큰 영향을 미쳤다.

2020년 전반기에는 한국일보 SF 강승태 사장의 '언론인으로 본 이민

사회', 최승암 목사의 '기독교인의 윤리성', 신철길 박사의 '미국 과학의 현재와 미래', 이미영 공보관의 '미국의 사회보장제도'에 대한 강의가 있었다.

이스트베이 평생교육원은 매월 셋째 주 목요일 오전 11시에 버클리 시온장로교회에서 모였으며, 2021년부터는 매월 셋째 주 수요일로 모임 일정을 변경했다. 이 교육원은 배움의 장을 넘어 신앙과 삶을 실천하는 공동체로서의 역할을 계속 이어가며, 하나님께서 주시는 지혜를 삶 속에서 실천하며 나아가겠다는 다짐을 가진 공동체였다.

나는 이 공동체를 통해 많은 것을 배우고 깨달았다. 내가 바라기는 죽는 날까지 배우고 깨달은 것을 삶 속에서 실천하며 살고 싶다. 비록 이 공동체는 더 이상 존재하지 않지만, 하나님의 지혜로 살아가고자 하는 나의 바람은 끊이지 않을 것이다.

[평생교육원 4주년 기념]

빛과 소금의 길을 다짐하며

어두운 곳에는 빛이 필요하고, 썩어가는 곳에는 소금이 필요하다. 이것이 바로 성경이 말씀하시는 우리가 살아가야 할 방향일 것이다. 기독교윤리실천운동(기윤실)은 그 이름처럼, 신앙은 예배당 안에만 머물러서는 안 되고 삶 속에 복음이 살아 숨 쉬어야 한다는 믿음으로 이 운동은 시작되었다. 1987년, 한국에서 손봉호 장로와 이만열 교수의 뜻에 따라 시작된 이 운동은, 교회가 이 땅에서 빛과 소금의 역할을 감당하는 공동체가 되어야 한다는 사명에서 비롯되었다. 헤이워드 침례교회에 다니시던 손달웅 장로님은 '믿음은 삶에서 실천될 때 비로소 빛을 발한다.'는 기윤실의 정신이 미국에도 뿌리내려야 한다는 사명감으로 이 운동을 시작하셨다.

같은 교회에 참석하던 나도 그 뜻에 따라 준비위원으로 참여하게 되었다. 손 장로님이 기윤실의 안내 팸플릿 '정직한 기독교인'이 인쇄된 회원 가입서를 들고 처음 찾아간 곳은 유승관 치과였다. 그분에게 첫 서명을 받은 후, 추천 받은 이들과 연결하여 라이온스 클럽, 샌프란시스코 교역자 연합회, 그리고 한인 노인 단체 등 곳곳에 이 운동을 소개했다.

기윤실은 교회 성도들의 적극 지지를 받으며 산마테오 연합장로교회에서 첫 공식 모임을 가졌다. 손달웅 장로를 준비위원장으로 20여 명의 준비위원이 모였고, 이희산 장로, 배태일 장로와 함께 7인의 실행위원회를 구성했다. 회의는 밤늦도록 계속되었고, 1994년 2월 7일 마침내 오클랜드 이스트베이 제일침례교회에서 기윤실 샌프란시스코 지부가 창립

되었다. 10여 명의 발기인과 김평육, 박종철 등 60여 명의 발기위원들이 함께한 뜻깊은 자리였다.

그날 이만열 교수는 기독교인의 타락은 신앙과 삶을 분리하는 이원론에 있음을 지적하며 우리 운동의 방향을 더욱 분명하게 했다. 우리는 검소와 절제, 나눔과 섬김의 삶을 실천하려 노력하며 뉴스레터를 발행하여 100여 명의 회원에게 기윤실의 소식을 전했고, 2~3개월마다 이를 북가주 지역 한인교회 180여 곳에 배포했다.

우리가 했던 가장 의미 있는 운동 중 하나는 '교포 사회의 과당 경쟁 중지 운동'이었다. '동족을 사랑합시다'라는 표어 아래, 같은 이민자로서 서로를 경쟁자가 아닌 형제로 바라보기를 권면했다. 1997년 겨울에는 2500명의 노숙자들에게 이불과 옷 3000여 점을 기부하는 사역도 진행했다. 이 물품들은 한인 세탁협회와 헤이워드 한인 침례교회 성도들이 정성껏 모아준 것이었다. 뿐만 아니라 추수감사절마다 노숙자들에게 따뜻한 점심을 대접하며, 우리가 받은 사랑을 나누는 일을 이어갔다. 우리의 목표는 건강한 교회를 세우고, 이웃을 섬기는 교회를 만들어가는 것이었다.

1998년까지 이어진 기윤실 활동은 믿음을 행동으로 실천하고 윤리를 삶 속에서 구현하며, 어두운 곳에 등불을 들고 소외된 자들과 함께하며 억울한 이들과 동행하는 삶의 실천이었다.

시간을 초월한 유대와 힘

시간이 흘러도 추억의 방에서 사라지지 않는 것들이 있다. 어린 시절 함께 뛰놀던 운동장의 친구들과의 웃음, 교실 창가에서 속삭이던 비밀들, 겨울이면 난로 위에서 지글거리던 알루미늄 도시락, 그리고 때론 '빠따'로 기합을 받던 기억 속 선명한 순간들. 이런 기억들은 시간이 지나도 사라지지 않고, 언제나 마음 한구석에 남아 있다. 그리고 그 모든 것을 다시 꺼내어 추억할 수 있는 자리가 바로 동창회다.

나는 샌프란시스코로 이주한 후 고등학교와 대학교 동창회에 깊이 관여하며, 행사나 연말 파티에 거의 빠지지 않고 꾸준히 참석해왔다. 이민자의 삶은 늘 낯선 길을 걷는 것과 같아서, 기대로 차 있으면서도 한편으로는 끝없는 불안과 싸워야 하는 과정이다. 그럴 때마다 나를 지탱해 준 것은 다름 아닌 '사람'으로, 나는 근본적으로 사람을 좋아한다. 그런 나에게 동창회 모임은 허물없이 이야기를 나눌 수 있는 더없이 좋은 자리다.

과거를 공유한 사람들이 시간의 다리를 놓으며 친밀한 관계를 느낄 수 있는 자리로, 그곳에서 나누는 웃음과 대화로 나는 따뜻한 사람들과의 관계를 재확인하게 된다. 같은 추억을 가진 이들이 연대감으로 공통점을 찾다 보면 더욱 친밀하고 끈끈해진다. 동창회에 가면 1년에 한 번씩 만나는 동창들도 많아 더 반갑다. 저마다 다른 이유로 이 땅에 왔고 다른 방식으로 삶을 살아가지만, 같은 학교를 다니며 같은 기억과 추억이 있다는 공통점은 단숨에 하나로 엮어준다.

이민 초기 동문들은 서로의 손을 잡아주었다. "우리 회사에 면접 보지 않겠어?"라는 말 덕분에 일을 찾았고, "이 아파트에 신청해 봐."라는 한마디 덕에 보금자리도 마련할 수 있었다. 친목을 넘는 현실적인 도움들은 서로에게 기댈 수 있는 든든한 울타리가 되었고, 나에게는 내가 미국 땅에 뿌리내리도록 도와준 커다란 나무가 되었다.

내가 특별히 고등학교 동창회에 고마운 이유가 있다. 샌프란시스코에 와서 막막하게 보험을 시작할 때, 시카고 동창들이 이쪽에 사는 친지들과 가족들에게 전화를 해서 나에게 보험을 들도록 추천한 것이다. 그 중에는 그들이 처음 미국에 와서 신용 문제로 차 사기가 어려울 때 내가 보증 섰던 것을 감사하며, 잊지 않고 도와준 동창들도 있었다.

내가 대학교 동창회장을 맡으며 가장 먼저 생각한 것은, 동창회가 발전하려면 단과대학 전체 동문회가 활기를 띠어야 겠다고 생각했다. 그리고 각 대학별 동문회 상태를 점검한 결과, 상과대는 내가 조직해 30여명이 친분을 쌓아왔었고 사범대도 나름대로 동문회 명단이 있고 조직도 있었다. 음악대도 가정음악회 등 최효원을 중심으로 활동을 이어가고 있고, 문리대도 임승쾌 회장을 중심으로 모이고 있었으며 간호대는 단과대학 중 가장 활발하게 관계를 이어가고 있었다.

　나는 동문회 활성화를 위해 김희선 동문을 홍보로, 김진수 동문을 이사장으로, 임승쾌 전 회장을 부회장으로 임명하고 동문 결성에 열심을 다했다.

　그해 연말 파티에는 옛날을 회상하며 학교 측에 부탁해 받은 배지 150개를 입장하는 동문들에게 달아주어 학창시절로 돌아가는 추억의 즐거움을 주었다.

　그 후 캐나다와 라스 베이거스 여행과 멕시코로 크루즈 여행을 다녀왔는데 그때가 동창회가 가장 활발했던 시절로, 그때 동문회 주소록도 만들어 동문간의 유대를 돈독히 했다. 그 시절 유쾌하고 즐거웠던 추억은 지금도 자주 회자되는 동문들의 잊지 못 할 이야기 거리가 되었다.

　동창회에서 빛나는 순간은 뭐니뭐니 해도 함께 웃을 때이다. 선생님께 지어드린 기발한 별명들을 듣고 박장대소 하지 않는 사람은 없다. 내가 동창회에 계속 참석하며 느낀 점은, 한 단체가 성장하고 유지되려면 참석이 최고의 선(善)이라는 것이다. 동창회는 서로를 비교하지 않고 추억만으로도 행복해지는 모임이다. 이제 동창회도 나이가 들어, 운전이 어려워 모임도 점심시간을 선호하고 영영 볼 수 없는 사람들도 늘어간다. 하지만, 아직도 살아서 만날 수 있는 반가운 얼굴들이 있어서 행복하다. 동창회는 내가 과거의 추억을 살려내며 지나온 세월을 언제나 웃게 만드는 유일한 모임이다. 세월을 초월해 우정과 따뜻한 관계를 되새길 수 있기에, 나는 언제나 그곳에서 큰 힘과 위로를 얻는다.

[2024년 고등학교 동창회 연말 모임]

[고국에서 고교 졸업 Reunion]

🕊 그린 위 24년 건강 라운드

지난 날을 돌아보니 내 성격 중에 특별한 점이 있다면, 성가대, 매스터 코랄, 동창회 등 무슨 일을 하면 웬만하면 수 십 년 중단하지 않는다는 점이다. 같은 맥락으로 내가 24년을 지켜온 모임이 있는데, 내 건강 지킴이 골프 모임 '조골회'다. 나는 1989년 샌프란시스코로 정착한 후 먼 친척인 조덕행과 새벽 골프 모임을 시작했다. 월, 수, 금 새벽 6시 반이면 어김없이 필드로 나가 9홀을 걸은 지 어느덧 24년이 흘렀다.

오랜 시간이다 보니 함께 해오다 세상을 떠난 이재상, 송인섭, 최주남, 이사를 가서 참석을 못하는 김상두, 김규영 같은 친구들도 있다. '조골회'는 '朝'와 '골프'의 합성어로, '이른 아침에 골프 치는 모임'이라는 뜻이다. 네 명이 팀을 이루어 상쾌한 아침 공기를 마시며 골프를 치는 일은, 삶에 지친 몸을 움직이며 마음을 다스리는 시간이기도 하다.

미국에서는 저렴하게 골프를 즐길 수 있다. 햇빛을 받고 푸른 잔디를 밟고 걸으며 몸과 마음을 가다듬을 수 있는 절호의 기회로, 9홀을 치고 나면 자연스럽게 3.5km를 걷는다. 한 번 라운드로 거의 천 칼로리를 소모하니 몸이 가벼워진다. 골프는 친구들과 '함께'라는 의미가 커서, 샌프란시스코와 만을 바라보며 새벽 필드에서 스윙을 할 때면, 골프 공 날아가는 거리보다 훨씬 더 멀리 내 시선은 뻗어간다. 그때마다 어깨 위 짐과 마음 속 응어리도 바람에 실려 흩어진다.

나는 어려운 시기에도 우리만의 작은 세상에서, 서로를 지지하고 웃고 걸으며 힘을 얻곤 했다. 나에게 골프는 신체적 운동에 그치지 않고, 마음을 치유하는 중요한 치료제다.

골프는 전략적인 운동이다. 집중력이 필요하고 매 순간 변하는 상황에 맞춰 최선의 선택을 해야 한다. 이 점에서 골프는 내 삶의 방식과 닮아 있다. 삶은 늘 예측할 수 없고, 같은 스윙을 해도 같은 결과가 나오지 않는다. 하지만 반복하며 배우고 실수를 통해 나아가는 과정이 바로 골프의 묘미이며, 그것이 바로 삶의 진리다.

[안병태, 저자, 조덕행, 곽태길]

조골회가 기반이 되어 나는 한글학교 모금을 위한 골프대회, 합창제 골프대회 등 여러 기금 모금 골프 대회에 관여하였다. 골프는 자연스럽게 사람들을 하나로 묶어주는 매개체로, 사람들과의 인연을 쌓는 데 골프만큼 좋은 운동은 없다. 우리는 매일 아침마다 서로 얼굴을 보며 농담을 던진다. "그대의 불행이 나의 행복!"이라고. 승부에 대한 가벼운 놀림이지만, 그 안에는 함께할 수 있다는 행복에 대한 감사가 담겨 있다.

8년 전부터 조골회에서 시작한 일이 있다. 친구 안병태가 여전히 사업을 하고 있어 우리와 함께 아침 식사를 나누지 못할 때가 많다. 그를 위해 시작한 것이 바로 우리 집에서 하는 아침 식사다. 아내가 흔쾌히 허락한 덕분에 친구들은 감사 표시를 하며 우리 집 뒷마당은 '정스 카페'가 된다. 매주 세 번 소박한 아침 식사를 나누며 우리는 유대를 쌓고 있다.

우리 모임 전통 중에 '1달러 게임'이 있다. 그 안에는 1달러로는 도저히 상상할 수 없는 긴장과 경쟁, 재미가 담겨 있다. 승부를 결정짓는 퍼팅을 앞두고 평소라면 가볍게 넣을 거리지만, 긴장 속에 손을 떨며 모든 것이 달라지기도 한다. 그때, 친구들은 "어, 손을 많이 떠네." 하고 농담을 던지고, 그러면 결국 그 주인공은 퍼팅을 놓친다.

조골회의 한 친구가 세상을 떠났을 때, 나는 그를 추모하며 그 이야기를 나누기도 했다. 누군가 세상을 떠나야 자리가 생기는 단단한 모임, 그동안 조골회를 거쳐간 여러 친구들이 그리워진다.

마지막 홀이 다가오고 또 한 번의 라운드를 마칠 때마다 나는 깨닫는다. 내가 지금까지 건강을 유지해 온 것은 바로 조골회 덕분이라는 것을. 나는 여전히 차가운 공기 속 새벽을 깨우며 필드로 나선다. 상쾌한 공기로 심호흡을 하며, '지금까지 지내온 것 주의 크신 은혜'임을 다시 한 번 고백하게 된다.

'두리하나' 되는 사랑의 다리

2005년 은행 일을 마무리하고 은퇴를 하면서 나는 새로운 길을 모색하기 시작했다. 아직 내게 남은 시간과 에너지를 어떻게 하면 의미 있게 쓸 수 있을지 고민하던 어느 날, 문득 오래 전 기억 하나가 떠올랐다. 보험 일을 하면서 만난 많은 교포들이 자녀를 한국인과 결혼시키고 싶어 한다는 것, 미국에서 자란 2세들에게 같은 문화적 뿌리를 가진 배우자를 찾아주고 싶어하는 것, 그것이 바로 대부분 한인 이민 부모들의 같은 소망이었다. 그들 생각은 같은 문화와 전통을 공유하면 갈등이 줄고, 서로를 더 깊이 이해할 수 있다는 믿음이 있었다.

하지만 현실은 달랐다. 문화가 다른 환경에서 자란 젊은이들에게 적절한 상대를 찾는 것은 쉽지 않은 일이다. 또한 주변을 돌아보면 이혼의 아픔 속에 홀로 살아가는 이들도 많았다. 나는 한때 몇 쌍의 결혼을 성사시키며 큰 보람을 느꼈었는데, 나는 이것이 바로 내가 해야 할 일이라는 것을 깨달았다.

그래도 최종 결심을 하게 된 동기는 아내의 사고였다. 어느 날 교회에서 계단을 내려오던 아내가 크게 다쳐 두 달을 병원에 입원했다. 이후 치매 위험이 있다는 진단까지 받고 더 이상 운전을 할 수 없게 되자, 아내는 꼼짝없이 집에만 있어야 했다. 나는 아내가 몰두할 수 있는 일이 필요했고, 우리가 함께 하면 좋을 것 같아 결혼 중개 사업을 시작하기로 했다.

나는 한국에서 관련 자료를 조사하고 전문가들의 조언을 받으며, 미국에서 사업을 시작할 기틀을 마련했다. 나는 먼저 '둘이 하나가 된다'는 뜻을 담아 '두리하나'라는 이름을 정하고, 2005년 3월 5일 첫발을 내디뎠다. 아내는 사무실을 맡았고, 나는 사람들을 만나며 관계를 다졌다. 큰돈을 벌기 위한 사업이 아니었기에, 적절한 비용만 받고 신뢰를 기반으로 운영하기로 했다.

몇 쌍의 결혼이 성사되었고 그때 우리는 말할 수 없는 기쁨을 느꼈다. 새로운 가정이 탄생하는 순간을 지켜보는 것은 마치 씨앗이 자라 한 그루의 나무가 되는 모습을 보는 것과 같았다. 하지만 재혼자의 경우, 결혼이 이루어지고도 소식을 주지 않아 우리가 열심히 한 일이 결실을 맺었어도 말하기가 어려웠다. 그래도 우리는 상관없다 싶었고, 두리하나 덕분에 누군가가 행복하다면 감사하게 생각했다. 우리가 정한 분명한 원칙은, 모든 정보를 투명하게 제공하고 신뢰 속에서 중매를 이어가자는 것이었다. 우리는 고객들의 신상을 철저히 검토하고, 각자의 성향과 가치관을 고려해 상대를 소개했다.

한 해에 한두 쌍이라도 결혼이 성사되면 우리는 만족했다. 그래서 한 번도 불평을 듣거나 다툼에 휘말린 적이 없다. 성사된 커플들은 감사 인사를 전했고, 때로는 결혼식에 초대받으면 보람을 느끼며 사명감이 더 들곤 했다. 하지만 초혼자 결혼 성사는 쉽지 않았다. 특히 결혼 중개업에 대한 사회적 편견은 커서 장애가 많았다. 광고보다 입소문이 중요하나, 부모들이 추진해도 비밀리에 이루어졌고 성사가 되도 오히려 입을 다물었다.

올해로 두리하나가 20주년을 맞이했다. 크고 작은 변화가 있었지만, 변하지 않은 것은 우리가 여전히 이 일을 기쁨으로 하고 있다는 사실이다. 지금은 계약금조차 받지 않아 수익을 좇는 사업도 아니게 되어, 오로지 한 사람의 인생을 위한 일로 최선을 다하고 있다. 무엇보다, 그 일에 묵묵하게 열심인 아내에게 감사한다.

성경은 에베소서 5장 28절에서 이렇게 전한다.

"남편들도 자기 아내 사랑하기를 자기 자신과 같이 할지니, 자기 아내를 사랑하는 자는 자기를 사랑하는 것이라."

'두 사람이 하나 되는' 결혼이야말로 하나님께서 기뻐하시는 일이라고 나는 확신한다.

🕊 국민훈장 석류장 수여

2017년 세계 한인의 날을 맞아, 나는 한국 정부로부터 뜻깊은 국민훈장 석류장을 수여한다는 소식을 듣게 되었다. 이 훈장은 한국 정부에서 국가에 대한 공로를 인정하며 수여하는 훈장 중 하나로, 나는 이 상이 한 이민자가 공동체가 함께한 것을 인정받은 것 같아 몹시 기뻤다. 그 일은 이종문 회장께서 한글학교와 매스터 코랄에서의 업적을 인정하고 추천해서 이루어진 일로, 나로서는 한없이 영광스러운 일이었다.

상(賞)은 주로 어떤 사람이나 집단이, 특별한 업적이나 공로를 인정하고 보상하는 형태로 수여된다. 상은 그 성과를 다른 사람들에게 알리고, 그 사람의 노고나 기여를 격려하는 일이다. 국민훈장 석류장(石榴章)은 한국에서 수여하는 국가 훈장 중 하나로, '석류(石榴)'의 의미처럼 다수의 씨앗이 모여 하나의 결실을 이루는 의미로 공동체를 위한 기여를 강조하는 상징적인 의미를 갖고 있다. 특별히 이 상은, 이민자들이나 해외에서 한인 사회를 발전시키고 국가와의 연계 강화에 중요한 역할을 한 사람들에게 주어진다고 했다.

결코 순탄하지 않은 이민자들의 삶에서 우리는 서로 도와야 한다는 생각을 늘 하고 산다. 내게 있어서도 이민의 삶은 '혼자'가 아니었다. 그래서 만들어진 것이 여러 공동체들이고, 나는 적극적으로 공동체를 만들거나 일원으로 참여하였다. 그때마다 나는 같은 언어를 쓰고 같은 뿌리를 가진 사람들 사이에서만 느낄 수 있는, 진정한 소속감을 경험하였다.

이를 위해 나를 비롯한 여러 사람들은 여러 일을 시도하며, 작은 모임에서 점차 많은 사람들이 함께 할 수 있는 활동으로 확장했다. 우리는 우리 자녀들에게 우리의 뿌리와 문화를 이어주기 위해 노력했고, 고향의 정을 나누려 애썼으며, 기독교인으로서 빛과 소금의 역할을 다짐하고, 하모니로 이민의 위로가 되고 자긍심이 되었으며, 한반도 평화 통일에 열정을 품으며 이민자들은 이 외에 수많은 공동체 공간을 만들며 열심히 활동했다. 그때마다 많은 사람들이 함께 했고, 함께 만들어낸 결과물들은 이민의 질을 높이고 위안이 되었다.

2017년 11월 30일, 샌프란시스코 총영사관에서 영사에게 상을 수여 받는 순간은 내 인생에서 손꼽힐 만한 자랑스러운 순간이었다.

제 9부

사랑의 끈
가족의 힘

내 삶에 등불 되신 어머니
Family Reunion
58년 인생 동반자, 나의 남편
친척들의 리더 되신 참 어른
My father, who led us
with determination.
(결단력으로 이끌어주신 아버지)
My Father-in-law(Jangin):
A Life of Faith, Family, and Resilience
(장인: 믿음, 가족, 그리고 끈기의 삶)
존재만으로도 기쁨인 두 딸

내 삶의 등불 되신 어머니

 결혼을 결심했을 때, 아내는 내가 막내아들이라 시집살이를 하지 않아도 될 것 같다고 솔직히 말해주었다. 그 말을 들었을 때 나는 아무 말도 할 수 없었다. 그녀가 마음에 들었고 그녀의 조건이 나에게 매력적이었기 때문이다. 또한, 나이가 이미 결혼 적령기를 넘어서고 있다는 조급함이 결정을 더욱 재촉했다. 결혼 후 어머니를 모셔야 한다는 이야기를 아내에게 꺼내는 것은 쉽지 않았다. 결국 나는 그 말을 하지 못했고, 그 선택이 어머니께 얼마나 큰 외로움을 안겨드렸을지 지금도 마음속에 무겁게 남아 있다.
 내가 약혼을 하고 얼마 지나지 않은 어느 아침, 어머니께서 조심스럽게 내게 물으셨다.
 "지선아, 너 결혼하면 나랑 살 거지?"
 그 질문은 우리가 손가락을 걸고 약속한 일이 아니었지만, 어머니와 나 사이에는 말하지 않아도 믿음처럼 당연히 존재하는 암묵적인 언약이 있었다. 어머니의 눈빛은 불안하고 애절했지만, 그 순간 나는 아무런 답도 하지 못했다. 어머니의 가라앉은 목소리와 숨막히는 침묵, 그리고 돌아서던 어머니의 뒷모습은 여전히 내 마음속에 선명하게 남아 있다. 그때 내가 용기를 냈더라면, 살면서 용기를 냈더라면 어머니는 얼마나 행복하셨을까? 그러나 그 시절, 나는 어머니의 마음을 헤아리지 못했고 여유도 용기도 없었다.

어머니에 대한 사랑과 효도의 마음은 있었지만, 그것을 행동으로 옮기겠다는 다짐은 뒤로 미루고, 늘 알고도 모른 척했다. 시간이 지나 내 마음을 전하고 싶을 때쯤, 어머니는 더 이상 곁에 계시지 않았다. 어머니는 자식들에게 평생 꾸중 한 마디 하지 않으셨고, 한없이 헌신적이셨다. 또한, 며느리들에게도 늘 너그러우셨다. 어머니는 며느리들조차 부담을 느끼지 않도록 배려하셨다. 그런 어머니가 내게 던지셨던 그 한마디 질문은, 평생 어머니가 가지셨던 소박한 바람이었을 것이다.

어머님을 생각하면, 어린 시절 학교에서 집으로 돌아오면 마루에 모인 동네 아주머니들의 끊이지 않는 웃음소리가 먼저 들린다. 어머니는 늘 재치 있는 유머와 밝은 목소리로 주변 사람들을 즐겁게 하셨고, 어머니가 계신 자리는 언제나 화기애애했다. 지혜와 순발력, 그리고 누구와도 잘 어울리는 친화력은 타의 추종을 불허하셨다. 어려운 일도 농담으로 풀어내시며, 이웃과 다투는 모습을 본 적이 없었다. 쉬지 않고 일하시면서도 언제나 밝은 표정으로 힘들다거나 아프다고 하신 적이 없으셨다.

생선을 구우면 살코기는 자식들에게 주시고, 자신은 항상 생선 머리만 드셨다. 매서운 겨울 바람 속에서 대가족 빨래나 김장을 하시느라 손이 터져도 찡그리신 얼굴을 본 적이 없었다. 전쟁 전부터 사람들이 꺼리는 일을 도맡아 하셨던 어머니는, 전쟁이 나자 포탄을 나르고 군인들의 식사를 준비하는 강제 동원에도 고생하셨다. 어려운 사람을 보면 지나치지 못하시던 어머니는, 내게 긍정적인 성품과 따뜻한 마음, 그리고 편안한 미소를 유산으로 남겨주셨다. 내가 어려워도 씩씩하게 두려움 없이 힘을 내며 에너지 넘치는 사람이 될 수 있었던 것도 모두 어머니 덕분이다.

어머니께서 내게 물려주신 가장 큰 유산은 유머 감각이다. 덕분에 나는 농담 잘하고 유쾌한 사람이 되었지만, 정작 나는 그 에너지를 어머니와 나누는 데 인색했다.

어머니는 형이 떠난 뒤, 나도 미국으로 떠나면서 얼마나 외로우셨을까? 어머니를 미국으로 모셨다면 어땠을까? 말년의 어머니는 외로움으로 더욱 힘드셨을 것이다. 나는 그저 용돈을 보내드리는 것밖에 해드린 것이 없으니, 평생 베풀어주신 어머님의 사랑과 희생에 보답하지 못한 불효를 저질렀다.

어머니가 돌아가셨다는 소식을 들었을 때, 나는 한국으로 갈 비행기 표조차 살 돈이 없어서 마지막 가시는 길조차 배웅하지 못했다. 그때 내 자신이 너무 초라하고 한심스러워 한참을 괴로워했다. 어머니께 마지막 인사조차 올리지 못한 죄책감은 여전히 나를 괴롭힌다. 어머니께서 예수님을 알지 못하고 돌아가셨지만, 나는 어머니가 분명 천국에서 나를 기다리고 계실 것이라고 믿는다.

"어머니! 제게 주신 사랑과 헌신에 보답하지 못한 지난날을 생각하면 눈물이 납니다. 저는 어머니의 따뜻함과 희생을 늘 기억하고 감사하며 살고 있습니다. 어머니 아들로 태어나서 행복했고, 어머니의 자비한 사랑 속에 자랐기에 지금까지 모나지 않게 살 수 있었습니다. 어머니께서 남겨주신 사랑과 유머, 희생은 제 삶 속에 고스란히 살아 있습니다. 저의 등불이요 나침반 되어주신 어머니, 고맙고 사랑합니다!"

Family Reunion

　나에게는 다섯 명의 형과 다섯 명의 누나가 있었다. 내가 철이 들 무렵에는 형들과 누이들은 대부분 결혼하여 이미 가정을 이루고 있어서, 집에는 나와 가장 가까운 네 살 위의 형 한 명뿐이었다. 첫째 형은 한전에서 근무하시며 다섯째 형과 동창인 아들 한 명을 키우셨지만, 지방 근무 중 가정을 소홀히 하셔서 결국 가족과의 관계가 멀어졌다. 안타깝게도 그 후 형의 소식은 더 이상 들을 수 없었다. 형수님은 몸이 약해 자주 병원에 가셔야 했기에, 부모님은 맏며느리의 효도를 받지 못하셨다.

　둘째 형은 병으로 일찍 돌아가셔서 형수가 재혼하는 바람에, 딸 광자가 우리 집에서 살게 되었다. 셋째 형은 교사로 일하셨는데 형수가 6.25 전쟁 중 폭격 소리에 큰 충격을 받아 병원에 자주 다니느라 가산을 탕진하였다. 그로 인해 생활이 어려웠던 셋째 형은 아들 넷 딸 둘과 어렵게 사시다가, 내가 미국 온 지 6년 만에 형제 초청으로 온 가족 8명이 미국으로 이주하여 자녀들 잘 키우며 아메리칸 드림을 이루셨다. 다행히 형수님도 나중에는 건강을 되찾으셨다.

넷째 형은 20대에 6.25 전쟁 중 전사하셨는데, 그 일은 우리 가족에게 씻을 수 없는 큰 상처를 남겼다. 1959년 미국으로 유학한 다섯째 형은 나의 고등학교 선배로 나와 가장 가까웠다. 결혼하여 두 자녀를 두셨고 그 형 덕분에 나도 미국으로 오게 되었는데, 지금은 형제 중 유일하게 남은 한 분으로 형도 90세가 되니 건강이 좋지 않으시다. 어머니에게는 이처럼 많은 아들들이 있었지만 각자의 사연으로, 어머니는 어느 아들에게도 의지할 수 없이 외로운 삶을 사셔야 했다.

다섯 누나 중 첫째 누나는 30살도 되기 전에 남편과 사별하였다. 다행히 매부가 당시로는 매우 괜찮은 사업이던 쌀 가게를 운영하였기에, 누나는 많은 유산을 상속받아 경제적으로 어려움이 없었다. 재혼에 대한 이야기가 있었지만 누나는 관심을 두지 않았고, 나중에는 어머니를 모시고 살며 잘 보살펴 드렸다. 그러나 60대에 우울증에 시달리다 70을 갓 넘긴 나이에 서울대에 장기 기증을 하고 돌아가셨다. 둘째 누나는 결혼 후 아들 넷을 키우며 힘들게 살고 있어서, 내가 셋째 형을 초청할 때 같이 초청하여 누나 가족 6명도 미국에 와서 자식들을 훌륭하게 키우며 모두 성공했다. 셋째 누나는 딸 셋과 아들 하나를 두고 돌아가셨는데, 내가 한국에 가면 그 중 한 조카 집에 머물며 가족의 끈을 이어가고 있다. 넷째 누나와 다섯째 누나는 한국에서 편히 살다 두 분 모두 돌아가셨다.

2023년 여름, 시카고에서 이민 온 형제들과 훌륭하게 자란 자손 2세, 3세가 함께 약 70명이 한 자리에 모였다. 우리 형제자매의 2세들이 주도한 자리로, 1세대는 오직 형과 나만 남았지만 그들이 준비한 정성 어린 대접과 배려는 우리에게 큰 감동을 주었다. 한국이 살기 어려운 시절, 미국에 도착한 둘째 누이와 셋째 형 가족 14명은 당시 내가 청소업을 하던 때라 오자마자 함께 일하며 빠르게 자리를 잡을 수 있었다.

한국에서 살았다면 겪었을 어려움들을 생각해 보면, 미국은 그들에게 기회의 땅이 되어 고생한 만큼의 열매를 맺을 수 있었다. 2세 중에는 전문직 종사자도 많고, 그 후손들 3세까지 즐겁게 뛰어 노는 모습을 보니 행복했다. 어른들은 지난날을 추억하며 이야기를 나누다 보니, 그동안 겪었던 어려움들이 이제는 모두 지나갔음을 실감했다. 어렸을 때도 우리는 대가족이었지만 한 자리에 모이기가 쉽지 않았는데, 이렇게 대가족이 미국에서 한 자리에 모일 수 있으리라고는 상상도 하지 못한 일이었다.

형이나 나나 머지않아 세상을 떠나겠지만, 후손들과 의미 있는 시간을 나누며 가족은 소중하고 우리에게 행복한 미래가 있다는 사실이 기뻤다. 그날 우리 모두는 자녀들에게 물려줄 수 있는 가장 큰 선물은 '가족 간의 사랑과 화합'이라는 것을 깨달았고, 그런 뜻에서 모임을 계속 이어가기로 했다. 이 Family Reunion은 각자의 삶에서 얻은 성취가 다음 세대로 이어지는 축복의 흐름을 실감하며, 미국은 우리 가족에게 아메리칸 드림을 이룰 수 있는 기회의 땅이었음을 확인한 뿌듯한 순간이었다.

58년 인생 동반자, 나의 남편

나는 20대의 풋풋한 나이에 남편을 만났다.

그때 나는 부모님의 보호 속에 살며, 사람들과의 소통이 서툴고 세상 물정도 잘 모르는 철부지였다. 그때 내 나이 여자면 무조건 시집을 가는 것이 당연했고, 나는 결혼만 하면 세상이 내 것이 되는 줄로 알았다.

그러나 조용하고 소극적인 나와 달리 사교적이고 명랑한 성격의 남편은 어디를 가든 그 중심에 있으며 주목을 받으며, 장래가 촉망되었기에 왜 나를 택했을까 궁금했다. 나중에 알게 되었지만 남편은 형수들이 건강치 못해, 꼭 건강한 여자를 배우자로 만나고 싶었다고 했다.

결혼 후 남편이 어려운 상황에 처할 때마다 나는 내가 얼마나 남편에게 도움이 못 되는 사람인지 자책하곤 했다. 아이 키우는 일에만 몰두하며, 고작 도왔다고 하면 아이들에게 도움이 될까 싶어 이중언어 교사 자격증을 취득해 한글학교에서 도운 것, 샌프란시스코 이주 후 사업이 어려울 때 몇 년간 가게에서 캐쉬어로 일한 것이 전부다. 그럼에도 남편은 나를 있는 대로 인정하고 나의 부족함을 품어주었다. 경제적으로 도움이 되지 않으면 살기 어려운 상황이었지만, 억척스레 생활력 강하지 못해 남편만 의지한 것이 송구스럽다.

내가 사고로 외출이 어려워지자 남편은 내가 집에서도 사무 처리를 할 수 있도록, 결혼 정보를 나눌 수 있는 '두리하나' 일을 맡아보도록 주선해주었다. 덕분에 나는 사람들의 인연을 이어주며 내 삶에도 변화가 있었다. 특히 이혼 후 외로운 사람들의 징검다리 역할을 하는 동안 그들의 하소연을 듣고 공감하며 세상 보는 눈도 넓어졌다.

'두리하나'를 운영한 지 올해로 딱 20년이 되었다.

둘이 하나가 되도록 인연을 맺어주어 서로의 삶을 채워가는 모습을 보면 큰 보람을 느낀다. 나를 늘 이끌어준 남편과 함께한 지도 58년이 되었다. 그 긴 세월 동안 우리는 부딪치며 함께하며 같은 곳을 향해 걸어왔다. 나이 들수록 남편의 존재가 얼마나 큰지, 그가 없었다면 나는 이 풍파 많은 세상을 어떻게 헤쳐 왔을지 궁금하다.

나는 남편의 적극적이고 인내하는 모습, 놀라운 기억력, 때로는 힘들어하면서도 끈질기게 한 우물을 파며 공동체를 위해 아직도 열심인 것에 존경심을 가지고 있다.

우리의 보배인 두 딸이 잘 자라 든든한 배우자를 만나 가정을 이루었다. 잘 자라는 네 명의 손주를 보면 흐뭇한 만큼, 한편으로는 남편이나 나나 80을 넘기고 보니 늦기 전에 우리 이야기를 그들에게 들려줘야 한다는 책임감과 사명감이 들었다. 우리가 어떻게 미국 땅에서 살아왔는지를 후손에게 남기는 일은, 그들이 한국인의 뿌리를 가지고 왜 미국 땅에 태어났는지를 알려주는 중요한 단서이자 증거이기 때문이다.

그래서 나는 남편을 설득해, 비록 대단하지도 자랑할 만 하지도 않은 부끄러운 이야기일지라도, 우리가 어떻게 살아왔는지 우리의 가족사요 한 사람의 이민사를 꼭 후손과 이웃에게 남기자고 했다. 사람마다 겪어온 삶의 파고는 다를 것이나, 우리는 우리가 넘은 크고 작은 파도를 돌아보며 안도의 숨을 내쉬게 된다.

우리가 함께할 시간이 좀 더 많이 남아있기를 기도하며, 우리 이야기가 우리 가족에게는 대대손손 가장 아름다운 이야기로 남을 것을 믿어 의심치 않는다.

그동안 수고한 당신 고맙습니다. 지금까지 우리를 보호해주신 하나님 감사합니다.

친척들의 리더 되신 참 어른

저는 정지선 장로님의 누님 되시는 고 정경애 님의 아들, 장근철입니다. 외삼촌이신 정지선 장로님께서 자서전을 쓰신다고 하셔서, 그동안 가까이서 지켜본 조카로서 짧은 글을 남기고자 합니다.

저와 어머님, 그리고 두 명의 남동생은 1973년 9월 1일 외삼촌의 초청을 받아 미국으로 이민을 오게 되었습니다. LA 공항에 도착한 후, 먼저 유학생으로 와 계시던 친형을 만나 한 달 정도 LA에서 지낸 후, 저희 가족은 외삼촌이 거주하시던 시카고 근처 롤링 메도우(Rolling Meadows)로 갔습니다. 그곳에서 저희는 외삼촌의 도움으로 미국 생활을 비교적 순조롭게 시작할 수 있었습니다.

당시 외삼촌은 한국에서 최고 학력으로 좋은 직장에 다니시던 중, 미국에 오셔서 시카고 근처의 미국 회사에서 회계사로 일하시며, 동시에 청소 사업도 하셨습니다. 외삼촌께서는 저희 형제들에게 청소 사업을 해보라고 조언하시며 큰 도움을 주셨고, 덕분에 그 일은 우리 가족에게 경제적으로 큰 도움이 되었습니다.

몇 년 후 외삼촌은 직장과 청소 사업을 접고, 처남이신 최우진 님과 함께 가죽 잠바와 청바지 도매업을 시작하셨습니다. 그러나 외삼촌의 따뜻하고 자상한 성품 덕분에 물건을 주고도 대금을 받지 못하는 일이 반복되었고, 몇 년을 어렵게 버티시다가 여러 어려움 끝에 결국 사업을 접으셨습니다. 그 후 샌프란시스코와 오클랜드 지역으로 이주해 메트로폴리탄 생명보험 회사에서 은퇴할 때까지 일하시며, 어려움 속에서도 굴하지 않고 새로운 길을 열어가셨습니다.

[누님들과 매부들]

외삼촌은 인물도 좋으시고 유머 감각과 실력도 겸비하셔서 많은 사람들이 보험의 중요성을 깨닫고 가입해 주셨습니다. 그 결과, 외삼촌은 회사에서 가장 실적이 좋은 에이전트로 이름을 날리셨습니다. 그 바쁜 와중에도 샌프란시스코 지역 평통위원으로 활동하시고, 숙모님과 함께 한글 학교를 세워 봉사하셨습니다. 또한, 진실된 신앙인으로 안수 장로가 되셨고, 교회 성가대에서 찬양하시며 샌프란시스코 지역 합창단인 매스터 코랄 단장으로도 오랜 시간 활동을 이어가고 계십니다.

그런 외삼촌의 봉사 활동을 인정받아, 한국 정부는 그를 샌프란시스코 지역 대표로 초청하여 훈장을 수여하기도 했습니다. 80 중반을 넘으신 나이에도 여전히 사회활동에 적극적으로 봉사하시며, 그 어떤 어려움에도 굴복하지 않으시는 외삼촌의 모습에 저는 깊은 존경을 표합니다. 이렇게 훌륭한 분이 제 외삼촌이라니, 정말 자랑스럽고 감사한 마음이 듭니다. 앞으로도 더욱 건강하셔서 90세, 100세까지 계속해서 활기찬 봉사와 의미 있는 삶을 이어가시기를 기도합니다.

2025년 1월 5일   장근철 올림

[Family reunion 때 park에서]

My father, who led us with determination.

If a word were to sum up how my dad lives his life, it would be determined. Growing up, I heard stories about how hard he studied to get into Seoul National University and graduate from there. He, my mom, and I came to America not long after I was born. I know he was determined to create a good life for us, sacrificing the life and culture he knew to find something better even if it was risky and humbling.

I admire my dad for his courage and leadership. He always took care of our needs and I do not recall ever feeling in want. We took vacations with friends and my memories were always fond ones. I know there were times that were more prosperous than others, but he was more focused on getting us through the hard times rather than complaining or taking shortcuts.

He focused on being grateful for what we had. He was confident that what he put his mind to would be successful.

My dad was determined to give us a full life which meant that he would work hard and encouraged my sister and me to do the same. He valued higher education which meant that we ought to excel in school and go to college. I know he set a high bar for us by his own example. I felt pressure internally to do well in school and attend a good university knowing he sacrificed so much to come to this country. It was my way of paying him back for what he did for us.

My dad had a prominent role in the Korean community both when we lived in Illinois and when we moved to California. It seemed like wherever we went, he would run into someone he knew!

He is so outgoing and charismatic that it seemed people were just drawn to him. I could not relate to that aspect of his personality because I am so shy by nature. How could I be so different from him? Despite this, I knew I was loved and cared for.

I am so thankful for his love and support throughout the years. He has been such a supportive father-in-law to my husband, Joshua, and a loving grandfather to my kids, James and Jason (who was named after my dad).

Although we have lived about three hours apart the last 30 years, we have always made an effort to see each other every few months. I am now the age my dad was when I moved three hours away from home, so I understand more the importance of staying connected with my sons who moved to attend college in southern California. If I CAN see my parents, we will make the effort to do so, even if it is a day-trip. The older I get, the more I value time spent together. Tomorrow is not guaranteed, so it is important to make the most of every opportunity. Maybe that is what motivates my dad to go out of his way for his family. We have only this one life to set our loved ones up for success and to do the best with what we are given. My dad was determined to do that and I can say that he has accomplished what he was determined to do. I am thankful for his continued love for my family and the example of gratitude and faith he shows.

I love you, Daddy!

[큰 딸 해연, 사위 Jashua, 손자 Jason , James]

결단력으로 이끌어주신 아버지

만약 제 아버지의 삶을 한 단어로 요약한다면, 그것은 '결단력'일 것입니다. 제가 자라면서 아버지께서 서울대학교에 입학하고 졸업하기 위해 얼마나 열심히 공부했는지에 대한 이야기를 많이 들었습니다. 저와 엄마, 아버지는 제가 태어난 후 얼마 지나지 않아 미국으로 이민했습니다. 아버지는 우리 가족을 위해 좋은 삶을 만들어주시기 위해, 결단력으로 자신이 익숙한 생활과 문화를 희생하며 더 나은 것을 찾기 위해 위험을 감수하고 자존심을 내려놓으셨습니다.

저는 아버지의 용기와 리더십을 존경합니다.

아버지는 언제나 우리의 필요를 공급해주셨기에, 저는 결코 부족함을 느낀 적이 없었습니다. 우리가 친구들과 함께 휴가를 갔던 기억은 늘 즐겁게 남아있습니다. 물론 더 풍요로운 시기도 어려운 시기도 있었지만, 아버지는 불평하거나 지름길로 가는 것보다 우리가 어려운 시기를 잘 넘게 하는 데 더 집중하셨습니다.

아버지는 우리가 가진 것에 감사하는 마음을 갖도록 하셨고, 자신이 마음먹은 것은 반드시 성공할 것이라고 확신하셨습니다. 아버지는 우리에게 풍성한 삶을 제공하리라 결단하셨고, 그 뜻은 아버지가 열심히 일하시며 저와 제 여동생도 같은 노력을 하도록 격려하셨습니다. 아버지는 고등 교육을 중요하게 여기셨는데, 그것은 우리가 학교에 충실하고 대학에 가야 한다는 뜻이었습니다. 아버지는 모범적인 삶을 표본으로 우리에게 높은 기준을 설정하셨습니다. 저는 아버지가 이 나라에 오기 위해 얼마나 많은 것을 희생하셨는지 알고 있었기에, 학교에서 공부 잘하고 좋은 대학에 가야 한다는 내적 압박감을 느꼈습니다. 그것은 아버지가 우리를 위해 희생한 만큼 저도 보답해 드리고 싶다는 마음에서 비롯되었습니다.

아버지는 우리가 일리노이에서 살 때나 캘리포니아로 이주한 후에도 한인 커뮤니티에서 중요한 역할을 하셨습니다.

어디를 가든 아버지는 아는 사람을 만나셨습니다!

아버지는 너무 외향적이고 카리스마가 넘치셔서 사람들이 자연스럽게 아버지에게 끌리는 것 같았습니다. 저는 그 부분에서 아버지와는 너무 다른 성격이라 이해하기 어려웠습니다. 어떻게 나와 아버지가 이렇게 다를 수 있을까요? 그럼에도 불구하고, 저는 늘 아버지의 사랑과 배려를 느낄 수 있었습니다.

저는 아버지의 사랑과 지원에 대해 정말 감사하게 생각합니다. 아버지는 제 남편 조슈아에게 훌륭한 장인어른이 되어주셨고, 제 아이들인 제임스와 제이슨(아버지 이름을 따서 지었어요)에게는 사랑스러운 할아버지가 되어주셨습니다.

비록 지난 30년 동안 우리는 약 3시간 거리를 두고 살았지만, 우리는 늘 몇 달에 한 번은 만나려고 노력해 왔습니다. 저는 이제 아버지가 제가 집에서 3시간 떨어진 곳으로 이사할 때와 같은 나이가 되고 보니, 제 아들이 남가주에서 대학을 다니기 위해 이사를 갔을 때 계속 연락하며 사는 것이 얼마나 중요한지 더 잘 이해하게 되었습니다.

부모님을 뵐 수만 있다면, 우리는 비록 하루가 걸리더라도 노력해서 만나려고 합니다. 나이 들수록 부모님과 보내는 시간이 얼마나 소중한지 더 잘 알게 됩니다. 내일은 보장되지 않으니 주어진 기회를 최대한 활용하는 것이 중요합니다. 아마도 그것이 아버지가 가족을 위해 그토록 애쓰시는 이유일 것입니다. 우리는 사랑하는 사람들에게 성공을 안겨주고, 주어진 대로 최선을 다할 수 있는 단 한 번의 삶만을 살아갑니다.

아버지는 그런 삶을 살기 위해 결단력 있게 사셨고, 저는 아버지가 결단하신 대로 이루신 것을 볼 수 있습니다. 저는 아버지의 저희 가족에 대한 지속적인 사랑과 신앙의 본보기가 되어주신 것에 깊이 감사드립니다. 사랑합니다, 아빠!

첫째 딸 해연 드림

[손자 James]

[손자 Jason]

[사위 규민, 둘째 딸 줄리, 민정, 민주]

My Father-in-law(Jangin) : A Life of Faith, Family, and Resilience

From the moment I announced my engagement to his daughter Julee, Jangin has treated me as if I was part of the family. Teasing me, making fun of my nervousness, and finding every opportunity to poke fun was, surprisingly, the quickest way he made me feel accepted. His warmth has always been wrapped in humor, and that's what makes him so unique—he knows how to disarm you with a joke and, before you realize it, you're part of his world. Over the years, our relationship has grown beyond just in-laws—he has been a guide, a role model, and, perhaps most importantly, a constant source of laughter.

Whether it's through his wisdom, his stories, or the way he always finds a way to take credit for my kids' accomplishments, Jangin has made a lasting impact on my life. If they get good grades or win a golf tournament, he'll remind us, "Of course! They got my genes!"—as if there was ever any doubt. It's become one of our running jokes, but beneath it is a reflection of his deep pride in family, always celebrating their successes like his own.

Faith and Perseverance

But behind all the jokes, Ji Sun's life is a testament to resilience. He built his success through hard work, unwavering faith, and a determination that never faded, no matter how difficult the road became. He started his business from nothing, navigating setbacks that would have discouraged most. Yet through every hardship, he held firm in his belief that God had a plan, that struggles were lessons, and that perseverance would always lead to something greater. His philosophy has always been simple yet profound: "Work through the tough times, appreciate the good times, give thanks to God, and put family first." It wasn't just words-it was how he lived his life. No matter the circumstances, he met challenges with quiet strength, faith, and an optimism that inspired everyone around him.

Family Above All

No matter what challenges he faced, his family always came first. He stood by his wife with unwavering devotion, ensuring that she and his children were always cared for, supported, and loved. His success was never just for himself-it was for them. Every decision he made was with their future in mind, making sure that no matter how difficult life became, his family would always have a foundation of strength and stability. Some of my fondest memories are the trips we've taken together-not just the big ones, like cruising to Mexico, but the countless road trips up to Fresno to visit family. Sitting in the car for hours, talking, laughing, and watching him effortlessly connect with everyone we met along the way, I got to see firsthand how deeply he values family. Whether we were navigating winding roads or life's inevitable detours, Jangin always had a story to tell, a joke to share, and an unwavering sense of joy. He doesn't just talk about the importance of family-he lives it, breathes it, and embodies it.

Building a Stronger Korean Community

Jangin's commitment extended far beyond his own family-he was dedicated to building and uplifting the Korean community in America. He understood that true success wasn't measured by personal achievements alone but by how much we contribute to the communities we're part of. He knew that for Koreans to truly thrive, they needed to preserve their language, culture, and faith. That's why he devoted himself to founding Korean language schools, strengthening church communities, and leading the Korean Master Chorale for over two decades, using music to unite and inspire. But he never wanted us to simply build new lives in America-he wanted us to remember where we came from. He worked closely with the Korean government in efforts to improve relations between North and South Korea, believing that being Korean was not just an identity, but a lifelong responsibility. He reminded us that we owe it to those who came before us to honor our heritage, and to those who come after us to create something even greater. His legacy isn't just about what he built, but about the hearts he touched and the cultural bridges he helped strengthen.

A Life of Leadership, Joy, and Strength

What truly sets Jangin apart is not just his accomplishments, but the way he carries himself. He has always led with faith, dignity, and an ability to make people feel valued. Even in difficult times, he has a way of lifting those around him-not just with wisdom, but with laughter. His guidance is always thoughtful, sometimes unexpected, and often wrapped in humor. And of course, no description of Ji Sun would be complete without mentioning his well-known dislike for chicken. It's almost a family legend at this point. Yet, I have a strong suspicion that somewhere along the way, he may have unknowingly eaten it at least once. But I'll never tell. Ultimately, I've always admired and respected how he is a natural leader. He stands out in all that he does, never compromising his morals, and proudly proclaiming his faith. His leadership doesn't come from titles or achievements-it comes from who he is at his core: a man of conviction, compassion, and courage.

A Legacy of Faith and Perseverance

More than anything, Jangin's life has been about faith, family, and the belief that success is measured not just by what we achieve, but by the people we lift up along the way. He has built a legacy not just through his work, but through the love and wisdom he has shared with everyone around him. His story is not just one of personal success, but of perseverance, of hope, and of service to others. He has shown us that even in the face of hardship, faith will carry us through.

That true leadership is not about power, but about how we care for the people around us. And that no matter where life takes us, our roots, our faith, and our love for one another will always be the foundation of who we are. I have been incredibly lucky to be a part of his journey, to have learned from him, and to have been on the receiving end of his kindness, his wisdom, and his unwavering support. His life is an inspiration-not just to me, but to everyone who has had the privilege of knowing him.

And if there's one lesson we can all take from Ji Sun, it's this: No matter how difficult the path, never lose faith, never stop lifting others up, and always walk forward with love.

I hope his story inspires you as much as he has inspired me.

[작은 사위 규민과 큰 사위 Jhasua]

[큰 딸 해연과 작은 딸 줄리]

🕊 장인: 믿음, 가족, 그리고 끈기의 삶

　줄리와의 약혼을 발표한 순간부터, 장인은 저를 진심으로 가족처럼 받아주셨습니다. 저를 놀리고 긴장한 모습을 즐기며 장난을 치는 모습은, 의외로 저를 가장 빠르고 편안하게 만들어 준 방법이었습니다. 그의 따뜻함은 항상 유머와 함께였고, 그것이 장인을 특별하게 만든 점이었습니다. 장인은 가벼운 농담으로 마음의 벽을 허물고, 어느새 저를 그의 세상 속으로 이끌어 주었습니다. 시간이 지나면서 우리 관계는 단순한 장인과 사위 이상의 의미가 되었고, 장인은 저에게 길잡이이자 롤 모델, 그리고 무엇보다도 늘 웃음을 주는 존재가 되었습니다.

　그의 지혜, 인생 이야기, 그리고 무엇보다도 저희 아이들의 모든 성취를 본인 덕분이라고 주장하는 유머처럼 장인은 제 인생에 깊은 영향을 주었습니다. 아이들이 좋은 성적을 받거나 골프 대회에서 우승하면, 장인은 항상 이렇게 말씀하십니다.

　"그럼 그렇지! 내 유전자를 받았으니 당연하지!"

　마치 의심의 여지가 전혀 없다는 듯 말이죠. 이 말이 들릴 때마다 저는 웃음이 절로 나옵니다. 하지만 그 속에는 가족에 대한 그의 깊은 자부심이 담겨 있습니다. 그는 언제나 가족의 성공을 자신의 기쁨으로 여겼습니다.

믿음과 끈기

하지만 모든 농담 뒤에는 장인의 진정한 삶의 모습이 숨어 있습니다. 그의 인생은 끊임없는 도전과 시련 속에서도 믿음과 노력으로 이루어낸 끈기의 이야기입니다. 그는 아무것도 없는 상태에서 사업을 시작했고, 수많은 어려움과 실패를 겪으면서도 결코 포기하지 않았습니다. 어떤 시련 앞에서도 그는 끝까지 버텼고, 그 힘의 원천은 바로 하나님에 대한 흔들림 없는 믿음이었습니다.

그는 항상 이렇게 말씀하셨습니다:
"힘든 시기에는 묵묵히 견뎌내고, 좋은 시기에는 감사하며, 하나님께 영광을 돌리고, 가족을 최우선으로 두자."
이것은 단순한 말이 아닌, 그가 실제로 살아온 삶의 방식이었습니다.

무엇보다 소중한 가족

장인에게 가장 중요한 것은 언제나 가족이었습니다. 어려운 시기에도 장인은 장모님 곁을 지켰고, 변함없는 사랑과 헌신으로 가족을 돌봤습니다. 그의 성공은 결코 혼자만을 위한 것이 아니었습니다. 모든 선택과 결정은 가족의 미래를 위한 것이었고, 어떤 시련이 찾아와도 가족이 든든한 울타리 속에서 사랑 받고 보호받을 수 있도록 최선을 다했습니다.

제가 가장 소중히 여기는 기억 중 하나는, 그와 함께한 여행들입니다. 멕시코로 떠난 크루즈 여행도 기억에 남지만, 무엇보다 프레즈노로 처형 가족을 만나러 가는 수많은 자동차 여행이 특별했습니다. 긴 시간 동안 차 안에서 나눈 대화, 웃음, 그리고 만나는 모든 사람들과 자연스럽게 연결되는 그의 모습을 보며, 가족에 대한 그의 깊은 애정을 다시금 느낄 수 있었습니다. 그는 단순히 가족의 중요성을 말로만 강조하는 것이 아니라, 그 가치를 삶으로 보여주었습니다.

한인 커뮤니티를 위한 헌신

　장인의 헌신은 가족을 넘어 한인 커뮤니티 전체로 확장되었습니다. 그는 한인들이 미국에서 성공하기 위해서는 언어와 문화, 신앙을 지켜야 한다고 믿었습니다. 그래서 그는 한글 학교를 설립하고, 교회 공동체를 강화하며, 20년 넘게 코리안 매스터 코랄을 이끌면서 음악으로 사람들을 하나로 연결했습니다. 하지만 그의 비전은 단순히 미국에서 새로운 삶을 쌓는 것에 그치지 않았습니다. 그는 우리가 어디에 있든, 우리의 뿌리를 잊지 말아야 한다고 강조했습니다. 남북한 관계 개선을 위한 노력에도 깊이 관여하며, 한민족으로서의 책임과 사명을 항상 마음속에 간직하셨습니다.

그는 우리에게 이렇게 말해 왔습니다:
"우리는 단순히 한국인이라는 정체성을 가진 것이 아니라, 그 정체성을 지켜나가야 할 평생의 책임이 있다."

그의 유산은 단순한 성취를 넘어, 우리가 서로에게 남기는 사랑과 문화적 연결고리로 이어져 있습니다.

리더십, 기쁨, 그리고 흔들림 없는 신념의 삶

　장인을 특별하게 만드는 것은 그의 업적뿐만이 아닙니다. 그는 언제나 신앙, 품위, 그리고 타인을 존중하는 따뜻한 마음으로 사람들을 이끌었습니다. 어려운 순간에도 그는 주위 사람들에게 희망과 웃음을 선사하며, 지혜로운 말과 따뜻한 유머로 삶의 의미를 나눠주었습니다. 그리고 그의 확고한 취향에 대한 이야기도 빼놓을 수 없습니다. 장인은 특히 치킨을 매우 싫어합니다. 이 사실은 가족 모두가 잘 알고 있는 '공식'이죠. 하지만 저는 살짝 의심하고 있습니다—사실, 어느 순간에는 모르고 드신 적이 있지 않을까 하고요. 물론, 언제였는지는 끝까지 비밀로 하겠습니다.

결국, 제가 항상 존경해 온 부분은 그의 타고난 리더십입니다. 그는 어떤 자리에서도 돋보이며, 결코 자신의 신념을 타협하지 않고, 하나님에 대한 믿음을 당당히 드러내며 살아왔습니다.

믿음과 끈기로 이어진 유산

무엇보다도 장인의 삶은 믿음, 가족, 그리고 성공이란 단순한 성취가 아니라 우리가 사랑하는 사람들을 어떻게 지켜주고, 어떻게 함께 성장해 나가는가에 대한 이야기입니다. 그는 자신의 일뿐만 아니라 주위 사람들에게 나눠준 사랑과 지혜로 진정한 유산을 남겼습니다. 그의 인생은 단순한 성공의 이야기가 아닙니다. 그것은 인내의 이야기이며, 희망의 이야기이며, 그리고 어려움 속에서도 결코 흔들리지 않는 믿음의 이야기입니다. 그는 우리 모두에게 진정한 리더십이란 권력이나 지위가 아니라, 사랑으로 이끄는 것임을 보여주었습니다. 저는 그의 삶의 여정에 함께할 수 있었던 것이 큰 축복이었고, 그로부터 배운 모든 교훈이 제 삶의 소중한 자산이 되었습니다. 그의 이야기는 저뿐만 아니라, 그를 알게 된 모든 사람들에게 영감을 주는 이야기입니다.

그리고 장인이 우리에게 남긴 가장 큰 가르침은 이것입니다: 아무리 어려운 길이라도 절대 믿음을 잃지 말고, 주변 사람들을 사랑으로 감싸며, 항상 따뜻한 마음으로 앞으로 나아가라.

저는 장인의 이야기가 제게 말했듯, 여러분에게도 깊은 영감을 주기를 바랍니다.

[작은 딸 쥴리 대학 졸업사진]   [큰 딸 해연의 졸업식]

존재만으로도 기쁨인 두 딸

　내가 미국 땅에서 반세기 이상을 살아온 동안, 수많은 어려움 속에서도 계속해서 힘을 낼 수 있었던 원동력은 바로 자랑스러운 두 딸 덕분이었다. 두 딸은 성격이 조금씩 다르지만, 그들이 주는 사랑의 힘은 내 인생에서 가장 큰 선물이었다.

　첫째 딸 해연은, 든든한 사위 Jashua와 두 아들 James와 Jason과 함께 하나님을 주인으로 모시는 믿음의 딸이다. 굳건한 믿음 안에서 학교 선생으로서 가정과 사회, 교회에서 자신의 길을 묵묵히 걸어가며 맡은 바 역할을 잘 해나가고 있다. 자상하고 따뜻한 성품으로 두 손자들을 잘 키웠으며, 집안의 대소사마다 세 시간 거리를 마다 않고 언제든 달려와 준다. 특히 하나님을 우선으로 섬기는 사위 Jashua는 교회에서 중책을 맡아 때때로 설교를 하며 교회를 잘 섬기고 있다. 딸과 사위의 항상 긍정적이고 따뜻한 에너지는 내게 큰 위로가 되며, 늘 나를 감동시킨다.

　둘째 딸 줄리는 조금 다른 성격을 지녔지만, 학창 시절부터 한 번도 부모에게 손 벌린 적 없이 아르바이트로 용돈을 벌어 살았다. 용기 있는 성격과 강한 생활력은 그녀의 장점으로, 독립적이고 도전적인 정신은 나에게 큰 자극을 주곤 했다. 자유롭고 창의적인 성격으로 자신의 길을 당당히 개척하며, 나의 기대를 뛰어넘는 성과를 보여주어 나에게 기쁨을 안겨준다. 통찰력과 온화한 성품으로 두 딸을 잘 키우고 있는 사위는 큰 사위와 함께 만나면 즐거운 친구 같은 가족이다. 어렸을 때부터 골프를 쳐

온 두 손녀는 수십 년을 노력해도 제자리 걸음인 할아버지와는 수준이 맞지 않는다. 큰 손녀 민주가 올해 UCLA에 입학하며 골프를 멈추지만, 작은 손녀 민정은 15살 나이 그룹에서 상위권을 달리며 승승장구하고 있어, 가족 모두 큰 성취를 이루기를 바라며 기대가 크다.

    여느 부모처럼 그들 모두는 존재만으로도 기쁨이며, 내가 이루지 못한 꿈들이 그들의 삶 속에 실현되고 있어 감사할 뿐이다. 나에게 두 자녀와 6명의 보물을 선물해주신 하나님께 무한한 감사를 드린다.

[큰 딸 결혼식]

[작은 딸 결혼식 장모님과]

[장모님 100세 생신 기념]

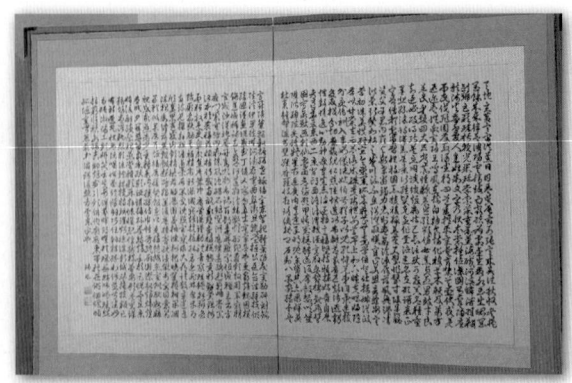

[서예전에서 대상 받은 아내가 쓴 천자문]

에필로그

삶의 끝자락에서

　세월은 쉼 없이 흘러, 이제 저는 제 삶의 여정 끝자락에 서 있습니다. 우리 모두는 각자의 길을 걸어가지만, 그 길이 어디로 향하는지는 다를지라도 결국 같은 목적지, 즉 하나님께로 향하고 있다는 것을 깨닫습니다. 지난 85년을 돌아보니, 성공과 실패, 기쁨과 슬픔이 얽힌 한 편의 이야기로 남았습니다. 철없던 시절을 지나, 자신만만했던 청춘을 보내고, 결혼과 이민이라는 낯선 길 위에서 길을 잃고 방황하기도 했습니다. 때로는 세상 유혹에 흔들려 방탕한 삶을 살았고, 아무리 최선을 다해도 탄식이 나오는 순간들이 있었습니다. 하지만 그 모든 순간들이 모여 지금의 저를 만들었고, 그 여정 자체의 의미는 내가 걸어온 길 위에 있었습니다. 그 길을 걸어오면서 저는 우리가 찾는 것은 결국, 하나님께서 우리에게 주시는 삶의 의미와 그 안에서 변화된 모습임을 알게 되었습니다.

　길을 잃고 헤매던 시간에도 어린 시절 만났던 하나님은 절대 저를 떠나지 않으셨습니다. 세상은 변하고 사람들은 떠나도, 하나님께서는 저를 내버려 두지 않으시고 제 손을 잡아주시며 사랑을 보여주셨습니다. 그렇게 저는 하나님과의 관계를 회복하며 한 걸음 한 걸음 나아갈 수 있었고, 그 시간 동안 하나님은 저를 단련시키시며 더욱 깊은 믿음으로 이끄셨습니다. 돌아보면, 제 연약함을 깊이 깨달았던 순간들은, 바로 하나님의 은혜를 가장 뚜렷하게 경험한 시간이었습니다.

저는 이제 더 이상 제 삶을 제 손에 쥐려고 하지 않습니다.

제 삶의 격랑 어려운 순간마다 함께 해주시고 위로해 주시며, 믿음으로 기도해주신 모든 분들께 진심으로 감사의 마음을 전합니다. 그분들의 따뜻한 응원과 격려 덕분에 저는 많은 어려움을 이겨낼 수 있었습니다. 무엇보다도 변함없는 하나님께서 저를 사랑과 은혜로 이끌어 주셨기에 이 자리에 서있습니다. 하나님께 감사와 찬양을 올립니다.

이제 저는 하나님께 모든 것을 온전히 맡기고, 제 숨이 다하는 그 순간까지 그분을 믿고 따를 것입니다.

"나의 나된 것은 오직 하나님의 은혜라."

제 삶의 모든 여정이 끝나는 날, 저는 하나님 품 안에서 영원한 안식을 누릴 것을 믿습니다. 감사합니다.

삶의 격랑을 넘어

발 행 일	2025년 5월 8일
초판 1쇄	2025년 5월 8일

지 은 이	정지선
발 행 인	김영란
발 행 처	북산책

주 소	경기도 파주시 문발로 405 1층
한 국	010-4995-1030
미 국	1-408-515-5628
이 메 일	4mybook@gmail.com

ISBN	978-89-94728-47-6
값	18,000원

※ 이 책은 저작권법에 따라 보호를 받는 저작물이므로 무단 전재와 복제는 금합니다.